융합상담심리학

Convergence Counseling Psychology

김상인 저

= 목 차 =

머 리 말

　21세기의 패러다임 중 하나는 융합교육, 융합산업, 융합공학이다. 상담 역시 융합상담심리가 요구되고 적용되어야만 한다. 본서는 Alfred Adler가 직간접적으로 언급하고 있는 전체/통합적인 인간 이해의 영감을 얻어 "융합상담심리학" 이라는 아이디어를 가지고 집필하였다. 필자는 융합상담심리의 접근을 위해 "HEBES Theory"을 정리하였다. HEBES는 인간의 정신과 정서와 행동이해와 치유를 위한 것이다. HEBS는 인간의 유전과 환경, 신체와 정서, 그리고 영감/혼을 중심으로 상호작용 한다는 이론이다.

　본서는 HEBES 관점에서 정신분석과 분석심리, 인지심리, 뇌 과학, 행동주의 심리, 심리사회성 발달, 교류분석, 형태주의, 사회적 인간, 실존주의를 고찰하였고, 그의 대해 간략한 융합상담심리 논의를 하였다. 부족하지만 본서는 융합상담심리에 대한 최초의 접근이라고 생각한다. 향후 본서를 발판삼아 융합상담심리에 대한 접근이 지속되길 바란다.

2019년 2월 ...

金相仁

I. 융합과 HEBES의 이해

**Understand
of
Convergence
&
HEBES**

Ⅰ. 융합과 HEBES

1. 융합

융합상담심리의 용어는 정신분석과 심리학과 상담학의 핵심 이론과 개념들을 융합하는 것으로 필자가 처음 사용하는 개념 이라고 생각한다. 융합의 영어식 표현에는 convergence(융합)과 synthesis(융합/종합)과 fusion(융합) 등이 있다.

1) Convergence(융합)

Convergence(융합)은 다른 종류의 것이 녹아서 서로 구별이 없게 하나로 합하여지는 것의 화학에서 사용하는 말이다. 이 용어는 인문학적으로는 여러 가지의 개념을 합쳐서 한 가지의 개념으로 만드는 것으로 사용되고 있다. 융합교육은 생물학과 동물학에서 생물학을 구성하는 것이다. 이런 의미에서 융합교육과

정은 상관 교육과정에서 광역(廣域) 교육과정으로 이행하는 과
정(過程)에서 생긴 교육과정 형태의 하나라고 할 수 있다. 또한
음악적인 응용은 크로스오버 음악(crossover music) 또는 퓨전 음
악(fusion music)과 공동 작업이라는 의미에서 콜라보레이션
(collaboration) 등으로 사용된다. 융합은 개념적으로 '복합' 보
다는 '통합,' 이 '통합' 보다는 '융합' 이 더 강한 결합이며, '복
합' 수준의 융합에 머무르지 않고, 진정한 '융합' 으로 발전시키
기 위한 개념 정립이 필요한 상황이다. 따라서 융합상담심리학
은 서로 다른 입장에 있는 학자들의 이론적·개념적 주장이 서로
충돌하고 배척하는 것이 아니라 장단점에 대해 새롭게 공유
(sharing) 하고 융합하는 것을 의미 한다.

　융합상담심리학은 정신분석과 심리학의 각각 이론들의 성질
과 특성을 유지하면서 그 내용과 특징들에 대해 공통요인을 추
출하여 융합하고 대치되는 부분들에 대해서 수용하는 차원에서
상담심리학을 재 융합(re-hebes))한 것을 의미한다. Hebes의
개념은 2. 에서 구체적으로 논하기로 한다.

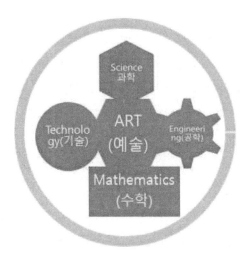

Convergence(융합) STEAM5

2) Synthesis(융합/종합)

Synthesis(융합/종합)은 철학자 칸트(Immanuel Kant)의 인
식론에 핵심적인 개념들 가운데 하나이다. 유한한 인간의 인식

즉, 경험은 감성과 지성의 두 요소로 이루어지며, 감성에는 공간을 형식으로 하는 외감과 시간을 형식으로 하는 내감이 있다. 그러나 외감이라 말하고 내감이라 말하더라도 하나의 감성에 속하며, 감성과 지성이라 말하더라도 하나의 마음에 속한다. 각각은 인식의 국면들을 비추어주긴 하지만 궁극적으로는 하나로 합일하는 것으로 종합적으로 파악되는 개념이다.

스트로슨(Peter Frederick Strawson)은 종합의 이론이 경험적 심리학이나 마음에 관한 분석적 철학에 속하지 않는 꿈같은 이야기라고 하였다. 따라서 그는 이 이론으로부터 독립하여 경험의 본질적 특징인 객관성과 통일의 필연적 조건을 이해하고자 했다. Synthesis의 융합/종합의 이론은 경험의 주체로서의 자기의 신체운동에 의해서 이루어지는 시공의 존재와 본질구조의 선험적인 개시 및 범주의 도식화에 관해서는 산출적 상상력의 순수종합과 무관하지 않다.

Synthesis의 개념은 정합적인 전체는 부분의 단순한 합보다 진리를 더 완전하게 보여주는 것으로 여겨진다. 융합/종합이라는 말은 19세기 독일의 철학자 G. W. 프리드리히 헤겔(Hegel, Georg Wilhelm Friedrich)의 변증법 철학에서 정립과 반정립의 진리를 결합한 더 높은 단계의 진리를 말하기도 한다. 장 폴 사르트르(Jean Paul Sartre)의 철학은 실존적 유형의 종합/융합을 강조한다. 그는 "존재와 무 L'Etre et le neant" 에서의 의식 (pour-soi)은 끊임없이 존재(en-soi)가 되려 하고 '아무것도 아닌 것'과 '어떤 것'을 종합한다.

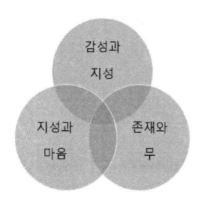

Synthesis(융합/종합)

3) Fusion(융합)

Fusion(융합)은 라틴어의 'fuse(섞다)'에서 유래한 말로, 서로 다른 두 종류 이상의 것을 섞어 새롭게 만든 것을 뜻한다. Convergence는 여러 기술이나 성능이 하나로 융합되거나 합쳐지는 일이라는 의미가 더 많다. 유사용어는 이질적인 요소가 서로 섞인 것으로 이종(異種), 혼합, 혼성, 혼혈이라는 뜻을 가지고 있는 'hybrid'가 있다.

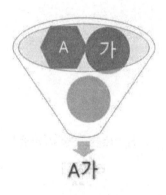

Fusion(융합)

2. HEBES

필자는 Alfred Adler 심리학 관점에서의 융합상담심리의 '융합'의 개념은 다음과 같이 정의 한다. 융합은 유전(Heredity), 환경(Environment), 신체/육체(Body), 정서(Emotion), 영감/혼(Spirit/Soul)이 서로 영향을 주는 가운데 창의력을 발산하는 것이다. 필자는 이 융합의 개념을 유전과 환경과 신체와 정서와 영감의 영어 알파벳 첫 글자를 조합하여 'HEBES' 이론이라고 명명한다.

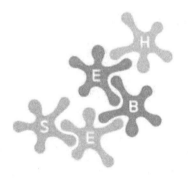

Dr. Kim's HEBES theory

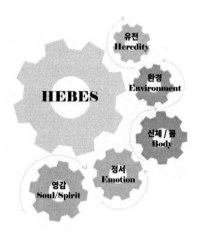

* 유전(Heredity)
* 환경(Environment)
* 신체/육체(Body)
* 정서(Emotion)
* 영감/혼(Spirit /Soul)

Dr. Kim's HEBES theory

'HEBES'는 각 개념의 역동들이 톱니바퀴(gear)처럼 서로 연결되어(network) 있어 상호작용하면서 서로에게 영향을 주고받는다는 것을 의미 한다. 이처럼 정신분석과 심리학에서 주장하는 각 개념들의 핵심이 서로 상호융합 하는 것을 의미 한다. 또한 융합상담심리학의 목표는 인간의 전인건강(wholeness person)이다.

1) 유전(Heredity)

유전1)은 부모로부터 물려받은 외모와 성격(personality)과 기질(temperament)의 특성을 의미한다. 유전은 한 인간이 타고난 재능과 소질의 잠재적 자원으로 각각 개성이 있으며 형제라도 같은 것은 아니다. 이 유전적인 특성과 요소들은 다양한 환경을 만나게 되면서 부딪치면서 갈등하고 순응하면서 새로운 성격을 만들어 가게된다. 타고난 성격과 기질은 변화하지 않지만, 성장하면서 여러 환경을 만나게 되면서 창조적 자아(creative self)에 의해서 환경(environment)과 상황(situation)에 적응(adaptation) 하고, 대인/사회적 관계를 만들어 가는 개념으로 필자는 사용한다.

일반적으로 과거 사람들이 유전에 대해서 가지고 있는 개념은 혼합 가설이다. 인간의 몸속의 액체를 통한 혼합이 유전의 원인이라고 생각했다. 인간이 생식을 할 때에도 남성의 정액이 여성의 몸속으로 섞여 들어가서 유전 현상이 나타난다고 생각했다. 이 정액은 피와 그 본질이 같다고 생각했기 때문에, 현재에도 순수혈통, 혼혈 같은 단어 속에 '피' 라는 개념을 중요하게 여기는 계기가 되

---

1) 모든 생물은 생식과정을 통해서 자손을 남기게 된다. 유전은 부모가 가지고 있는 특성으로 머리 색깔, 피부 색깔, 얼굴 형태, 성격과 기질, 그리고 현대 과학이 말하고 있는 질병과 심지어 부모가 먹었던 음식 등이 유전된다는 것이다.

고 있다.

유전의 판게네시스(pangenesis)이론은 그리스의 철학자 데모크리토스 원자론이다. 이 이론은 부모의 혈액 속에 들어 있는 입자가 서로 섞여서 자식의 특성을 결정한다는 것이다. 찰스 다윈(C. Darwin)은 이 입자를 제뮬(gemmule)로 명명하고 제물이 신체 각 기관에서 만들어져서 혈액을 통해 흩어진다고 주장했다.

그레고르 멘델(G.J. Mendel)은 멘델은 완두콩 실험을 통해 과학적 유전을 설명했다. 부모 세대에서 자식 세대에 물려주는 특정한 인자가 물질 형태로 존재한다는 것이다. 유전은 액체처럼 중간 단계를 가지고 섞이는 것이 아니라 어느 한쪽이 다른 쪽을 누르는 형태로, 확실한 성향을 가지고 나타난다는 것이다. 1903년 메뚜기를 가지고 연구하던 서튼(W.S. Sutton)이 유전물질이 세포의 핵 안에 있는 염색체에 있다는 이론을 발표하였다. 1902년에 독일의 세포학자인 테오도어 보베리(T.H. Boveri)는 Sutton과 유사한 이론을 생각했으나 발표하지는 않았다. Sutton과 Boveri는 염색체가 정자, 난자에서 둘로 쪼개졌다 수정될 때 하나로 합쳐진다는 현상을 관찰하였다. Mendel이 가정한 유전 인자가 염색체에 있음을 제기했고 이 염색체 이론은 토머스 모건(T.H. Morgan)이 초파리를 가지고 수행한 일련의 연구에서 완전히 증명되어, Morgan은 이 업적으로 1933년에 노벨상을 받았다.

요한센(W. Johannsen)은 1909년에 유전자(遺傳子:gene)라는 명칭을 처음 사용하였다. 그러나 염색체는 단백질과 DNA로 구성되어 있었기 때문에 이 당시에도 아직 유전 물질이 정확히 무엇인지는 밝혀지지는 않았다. 이후 1928년에 그리피스(F. Griffith)가 폐렴균을 가지고 한 실험을 1944년에 에이버리(O. Avery), 맥클레오드(C. Macleod), 매카티(M. McCarty)가 소개하면서 DNA가 유전자를 구성하는 물질이라는 사실이 밝혀지게 되었다. 그리고 1953년에 왓슨(J.D. Watson)과 크릭(F. Crick)이 DNA의 이중나선 구조를 밝히고, DNA에서 RNA로, RNA에서 단백질로 정보가 전달되어 유전 형질이 드러난다는 중심원리(central dogma)를 만들어 냄으로써 유전2)에 대한 중요한 원리가 대부분 밝혀졌다.

2) 환경(Environment)

인간의 감정과 정신에 영향을 주는 자연적·사회적 조건을 의미한

---

2) 유전이라는 현상이 DNA상에 존재하는 유전자의 물리적인 법칙에 의해 지배된다는 사실이 알려지면서 생물학은 엄청난 발전을 하게 되었다. 현재는 염색체에 있는 DNA가 복제되어 동일한 생물 개체를 만들어 낼 수 있다는 사실이 널리 받아들여지고 있으며 이 DNA가 실제로 생물을 만들어 내기 위해 작동하는 방식도 잘 알려져 있다. 의학 분야에 있어서도 여러 가지 유전병의 원인을 유전학의 발전을 통해 알아낼 수 있게 되었다(두산백과).

다. 환경은 공간적/물리적, **관계적 환경**이 있다. 공간/물리적 환경은 가족이 거주하는 주거환경과 일상적으로 생활하는 정기적 환경, 예기치 않게 접하는 환경 등이 있다. 관계적 환경은 가족구성원을 중심으로 친척, 친구, 동료, 그리고 일상적인 삶의 환경고 동선에서 만나게 되는 관련된 사람 등을 의미하는 개념으로 필자는 사용한다. 융합상담심리학에서 환경은 상황과 더불어 중요한 개념이다. 상황은 일반상황(context)과 특수상황(situation)으로 구분 할 수 있다. 어떤 이야기를 어느 상황에서 말을 하느냐가 의미 전달의 차이가 있다. 예를 들면, 남편이 아내의 단점을 이야기 할 때에 거실에서 둘이 있을 때에 이야기 하느냐와 처갓집을 방문했을 때에 장모님 앞에서 하느냐의 차이점이 있다는 것이다.

3) 신체/육체(Body)

신체/육체는 몸과 뇌의 기능과 장기의 기능, 근육계와 신경계통, 신경전달 물질과 호르몬 등을 포함하는 개념으로 사용한다. 따라서 이러한 인간의 지·정·의, 지·덕·체, 그리고 영혼까지 담고(존재하는 곳) 있는 총체적인 관점에서 접근하는 개념으로 필자는 사용한다.

신체는 정신과 물체, 주체와 객체(의식과 대상), 초월론적인 것과 사실적인 것(경험적인 것) 등을 논 할 때 반드시 이야기 되어야 하는 부분이 있다. 신체(성)는 현상학적인 관점에서 정신으로 볼 때에 데카르트(René Descartes)를 논 할 수 있다. 데카르트는 세계가 정신과 물체로 이루어진다고 생각했다. 정신에 본질적인 속성은 사유(思惟)[3] 인식했다. 사유는 인식, 의지, 감각, 감정, 욕망과 같은 양태를 지닌다. 물체의 속성은 '연장(連章)'에 있으며, 그것은 위치, 형상(形狀), 크기, 무게, 운동과 같은 양태를 지닌다. 정신과 물체는 어디까지나 상호적으로 독립된 별개의 영역에 속한다.

Descartes는 정신이 신체{물체}에, 또는 역으로 신체{물체}가 정신에 작용하는 사태가 본래 어떻게 해서 가능한 것인가, 요컨대 사유와 연장이라는 전적으로 상이한 속성을 지닌 두 실체가 상호적으로 작용하는 것이 어째서 가능한 것인가 하는 문제이다. 이 문제는 철학사에서는 '심신문제(心身問題)' 라고 불린다. 중요한 것은 정신이 물체와 엄격하게 구별되는 경우의 그 근거의 하나로서 우리의 의식이 의식 그 자체에게 언제나 직접적으로 주어져 있는 데 반해, 의식의 대상인 외관의 사물은 그때마다의 나의 지각의 인격 속에서 일면적으로만 나타난다고 하는 것이다.

메를로-퐁티(Maurice Merleau-Ponty)는 신체를 분석함에 있어 자연과학(특히 생리학)의 실재론적인 객관주의와 세계를 대상으로

---

3) 사유(思惟)는 대상을 두루 생각하는 일을 가리킨다.

서 구성하는(세계로부터 분리된) 순수 의식을 전제하는 관념론적인 주관주의를 모두 거부했다. Ponty는 주체가 세계에 귀속하는 그 존재방식(세계 내속 존재)에 대한 분석 또는 의식도 사물도 아니라면 또한 대자도 즉자도 아닌 '실존'의 양의적인 존재방식에 대한 분석으로서 신체론(身體論을) 주장한다. 신체는 누구의 것도 아닌 객관적인 존재로서의 신체가 아니라 현상적 신체, 요컨대 이 세계에 살고 있는 "자기의 신체'를 주장했다.

Ponty는 인간의 신체적 실존은 언제나 지각과 운동을 교차시키면서 스스로의 환경세계를 실천적 영역으로서 구조화한다는 것을 주장한다. 신체는 상/하, 전/후, 좌/우로 행동의 공간으로서 이미 실천적인 의미부여에 의해 조직되어 있다는 것이다. Ponty는 어떤 유의미한 행동에로 실천적으로 구조화된 신체활동을 즉, '동작'4)이라고 부르지만, 그 동작 속에서 세계가 어떤 모습을 지닌 것으로서 분절화(分節化) 되어 세계 속으로부터 의미가 '분비(分泌)' 된다고 생각했다. 따라서 신체는 의미의 원천으로서 더 나아가 성(性)이나 언어(言語)의 문제와도 관련된 것으로 이해했다. 현상학적 신체론 은 실존으로서의 신체, 즉 '존재'와 '소유'의 경계 지역으로서 신체를 요동이나 팽창·확대와 같은 개념으로 볼 때에 감정, 의사소통, 병, 분위기, 종교성 등 다양한 위상에서의 그 의미를 설명할 수 있다.5)

---

4) 동작은 신체의 사용법 또는 활동의 스타일.

4) 정서 (Emotion)

정서(emotion)의 사전적 의미는 운동(motion)으로, 밖으로(e-, out) 향하는 운동(움직임)을 의미한다. 'emotion' 이란 말은 소란 혹은 소요를 의미하는 것으로 대기의 천둥을 의미했다. 이 의미는 사람들이 느끼는 요동치는 경험으로 의미의 전환을 가져왔다. 1960년대에 'emotion' 은 'strong feeling'이라는 의미로, 1800년대 에는 'any feeling'이라는 의미로 사용되기 시작했다.

감정(emotion)이라는 말은 역사적으로 그 의미가 변해 왔듯이, 현대인들은 대부분 기쁨이나 슬픔 등이 감정이라고 인정한다. 그렇 다면 배고프다고 느끼는 것도 감정일까요? 배고픔은 감정과는 다 른 동기(motivation) 혹은 추동(drive)이다. 동기란 어떤 것을 하 려는 충동을 의미한다. 그러나 실제 동기와 감정이 딱 나누어지는 것은 아니고, 서로 상당히 중첩되어 있다. 어원적으로도 감정과 동 기 모두 '움직이다' 를 의미하는 라틴어 movere에서 나온 것이다.

우리는 감정을 느낄 때마다 동기를 갖는다. 공포는 도피하려는 동기를 동반하고, 분노는 공격하려는 동기를 동반한다. 한편 배고 픔은 먹으려는 충동을 동반한다. 그러나 동기(추동)는 목표가 달성

---

5) G. Marcel, Etre et avoir, 1935년(西谷啓治 外 監, 『存在と所有 · 現存と 不滅』, ガブリエル · マルセル著作集 2, 春秋社, 1971년).

될 때까지 지속되는 데 반해 감정은 보통 시간이 지나면서 급속히 약해 질 수 있다. 그리고 동기는 신체의 내부적 요구를 반영이다. 즉, 음식이 필요하기 때문에 배고픈 것이고, 물이 필요하니까 갈증이 느껴지는 것이다. 그러나 감정은 대부분 자기 신체 내부가 아닌 외부 자극에 대한 반응이다.

요약하면, 동기와 감정을 구분할 수 있는 기준은 다음과 같다. 첫째, 동기는 그것이 만족될 때까지 계속 유지되는 데 반해 감정은 경과가 어떻든 시간이 지나면 약해 질 수 있다. 둘째, 동기는 신체적 욕구를 반영하지만 감정은 우리 주변에서 일어나는 사건들에 대한 반응으로 발생한다. 도로에서 차를 몰고 가는데 누군가가 갑자기 앞지르기를 한다면 대부분 화가 난다. 이런 분노를 만드는 것은 외부 자극이다. 또 길을 걸어가다가 돌부리에 걸려 넘어지면 화가 나서 아무 죄 없는 돌을 발로 걷어차기도 하는데, 이것도 외부 자극 때문이다. 이처럼 감정과 동기는 다른 특성이다. 그러나 실제로는 서로 엉켜 있다. 우리가 어떤 일을 하고자 하는 동기의 대부분은 감정에 영향을 받기 때문이다.

감정은 외부 자극에 대한 반응인데, 뜨거운 물건에 손이 닿으면 바로 손을 떼는 반응과 같은 반사적인 반응과는 달리 뇌에서 인지 과정을 거쳐서 나오는 반응이다. 누군가가 교통사고로 사망했다는 소식을 접할 때, 그 사람과 친한 관계였는지 아니면 전혀 모르는 사람인지에 따라 우리의 감정은 달라진다. 또 웃는 사람을 보면서 느끼는 즐거움의 강도는 그 사람이 웃는 이유가 무엇이냐에 따라서 달라진다. 즉 나에게 감정을 일으킨 사건 자체뿐만 아니라 그 사건의 의미에 따라 감정이 달라지는 것이다. 이때의 인지 과정은 항상 상황을 언어로 표현할 만큼의 의식적인 과정은 아니다. 내가 지금 경험한 상황을 뇌가 의식적으로 이해하기 전에, 즉 내가 지금 보고 있는 것이 무엇인지 말할 수 있기 전에 우리의 뇌는 지금 보고 있는 것이 좋은지 싫은지를 느끼게 된다.

우리는 감정을 인위적으로 만들어 낼 수는 없다. 감정이란 우리에게 일어나는 것이지, 우리 자신이 일으키는 것이 아니기 때문이다. 물론 감정을 인위적으로 만들려는 훈련을 하는 연극배우도 많다. 또 배우가 아니더라도 우리는 감정을 조절하려는 노력을 많이 한다. 기분 전환을 위해 영화를 보러 가고, 맛있는 음식을 먹기도 하고, 술도 마신다. 그러나 이런 일들은 우리에게 감정을 불러일으키는 자극 기능을 하지만, 감정을 직접적으로 통제할 수 있는 것은 아니다. 일단 화나는 일을 당하면 아무리 좋게 생각하려고 노력해도 화가 나는 것은 어쩔 수 없다. 물론 감정이 나타났다고 하더라도 해명을 통해 상황을 이해하면, 감정은 변할 수 있다. 이 역시 감정이 동기와 다른 점이다. 즉 배고픔은 음식을 먹어야 충족되는 것이지, 아무리 먹지 못하는 상황을 설명 듣고 이해한다고 해도 배고픔이 해결되는 것은 아니다.6)

5) 혼/정신(Soul/spirit)

혼(魂)은 종교와 철학에서 인간의 비물질적 실체로 본질, 개성과 인성을 부여하며 종종 마음이나 자아와 동의어로 표현된다. 철학적인 개념은 인간에게서 혼이 없는 상태를 죽음으로 표현하고 있다. 혼은 육체(body)에 깃들어 생명을 부여하고 마음을 작용하는 비물질적 실체이다. 기독교적인 관점은 인간을 영·혼·육(성결교/감리교)과 영혼과 육체(장로교)로 각각 구분하여 설명을 하고 있다. 신학적인 관점에서 영·혼·육은 3분설, 영혼과 육체는 2분설로 해석하기도 한다.

융합상담심리학의 혼(spirit)은 기독교적인 관점에서 신앙/믿음의 측면으로 신(God)과의 소통, 교제, 만남을 하는 인격적인 신성한 장소(Holy Place)로 해석한다. 이 혼은 정신과 마음의 원천이자 창의력(creativity)과 영감(inspiration, brainstorm, brain-wave)의 접촉점이자 시발점의 개념으로 사용한다. 영감은 신령스러운 예감이나 느낌, 기발한 착상이나 자극을 의미로 사용되는 단어로 창의력의 의미와 동의어이다. 이 혼/정신(soul/spirit)은 **'초심리학과 초의식'**과의 유사점은 있지만 구분할 수 있다. 아울러 혼/정신의 의미를 이해하기 위해 **'자기와 자**

---

6) "네이버 지식백과 감정(정서)"emotion" 직접인용.

아'와 **지각자아**(perception-self)의 개념을 논 하고자 한다.

6) 초심리학(meta-psychology)

초심리학은 의식적 경험을 넘어선 관점을 지칭하는 프로이트 (Sigmund Freud)의 용어이다. 이 개념은 문자 그대로 '심리학을 넘어서는' 관점으로 이해되고 사용되었다. 초심리학은 임상적 관찰에서부터 정신분석이론에 이르기까지 가장 높은 수준의 추상적 사고를 나타내는 개념이었다(Waelder, 1962). 전통적으로 초심리학은 5가지의 광범위한 관점을 통해 제시된다. 즉, 역동적, 경제적, 구조적, 발생적, 적응적 관점이 그것이다.

역동적, 경제적, 구조적 관점은 프로이트(Sigmund Freud)의 접근법이다. **발생적 관점**과 적응적 관점은 프로이트와 후기 정신분석 이론가들의 연구에 함축되어 있는 것을 라파포트와 길 (Rapaport & Gill)이 개념화한 관점이다.

역동적 관점은 마음 안에는 일정한 방향성을 지닌 심리적 '힘'이 존재하며, 이것들은 각각의 기원, 크기, 대상을 갖는다고 가정한다. 이러한 관점은 충동과 갈등(예컨대, 본능적 욕동과 이를 억제하는 세력 간의 갈등)에 관한 이론을 확립할 수 있게 해주었다.

경제적 관점은 정신 장치 내에 심리적 에너지가 배치된다고 가정하며, 흥분, 방출의 형태와 본질 등에 관한 이론을 세울 수 있게 했다. 이 관점에서는 에너지의 양, 속성, 통로, 축적과 방출의 법칙 등이 핵심적인 내용을 구성한다. 또한 이 관점은 의도성 이외의 다른 법칙이 마음 안에서 작용한다고 간주한다.

구조적 관점은 반복적이거나 지속되는 심리적 현상은 마음 안에서 어느 정도 조직화된 표상을 획득하며, 이러한 표상의 특징은 설명될 수 있다고 가정한다. 이러한 표상들로는 성격적 특성, 방어, 습관, 도덕적 기준, 태도, 흥미, 기억, 이상(理想) 등이 있다. 프로이트가 최초로 제시했던 모델인 지형학적 관점은 의식, 전의식, 무의식의 세 가지 체계로 이루어져 있다.

프로이트는 의식과 무의식의 현상이 사고 및 정서와 관련되어 있다고 보고, 당시 임상적 관심과 이론의 초점을 여기에 맞췄다. 이 모델이 갖고 있는 한계와 모순으로 인해, 프로이트는 1923년 삼중구조 모델을 제안하였다. 이 모델에 따르면, 일차적으로 에너지로 구성된 원본능은 실행기능을 갖는 자아와 경쟁하며, 자아는 원본능과 외부 현실의 균형을 맞추는 것 외에도, 양심과 이상을 보존하고 표현하는 초자아로부터 오는 긴장과 씨름해야한다. 삼중구조 모델에 뒤이어 비록 이를 능가하지는 않았지만 수많은 모델들이 제시되었다. 그중 하나는 자아중심(superordinate ego) 모델이라고 부를 수 있는데, 그것은 자아가 특별한 집행기관이며 적응기관이라는 점에 초점을 맞춘다.

일반 심리학의 발달을 위해 노력한 안나 프로이트(Anna Freud), 하인즈 하트만(Heinz Hartmann), 에른스트 크리스(Ernst Kris), 루돌프 뢰벤슈타인(Rudolph Loewenstein), 데이빗 라파포트(David Rapaport), 에릭 에릭슨(Erik Erikson) 등이 이 모델을 지지하였다. 멜라니 클라인(Melanie Klein)은 자기와 타인에게 혼란스럽고 파괴적인 방식으로 전가되는 아주 초기의 병리적 모델을 가정하였다.

대상관계 이론은 다양한 형태의 원초적 자기의 핵이 단일하고 응집력 있는 조직으로 통합되지 못할 때 발생하는 병리에 관한 모델을 제안했다. 코헛(Kohut)의 사고를 따르는 자기심리학은 아동기에 병적일 정도로 실망스럽고 공감적이지 못한 부모상을 경험함으로써 생기는 구조적인 결손으로 인해 기능적이고 응집력 있는 "자기의 이중 축"을 형성하지 못하는 병리에 관한 모델을 제안하였다. **발생적 관점**은 마음의 심리적 현상에 시간적 차원을 부여한다. 이 관점은 유아기로부터 성인기로의 진행을 강조하며, 아동기의 사실과 환경을 이해하지 않고는 심리적 존재로서의 성인을 이해할 수 없다고 가정한다. 또한 이 관점은 퇴행 현상, 현재와 미래의 조망에 관하여 고려할 수 있게 해준다.

 적응적 관점은 개인의 마음에 영향을 주기도 하고 받기도 하는 대인관계, 사회, 환경의 현상을 중시한다. 앞서 언급된 5가지 관점 이외에도, 다른 관점들도 존재한다고 말할 수 있다. 그것들은 본래 가정들에 속한 것이었으나 그 영향력이 너무 커서 개별적으로 인용되기보다는 관점으로 다루어지게 된 것들을 말한다.

 초심리학은 타고난 능력을 갖고 내부와 외부 환경에 대처할 뿐만 아니라 자신들이 진화되어 나온 동물적인 요소와 싸우는 생물 심리학적 존재로서 인간을 볼 수 있는 마음의 이론체계를 제공해야한다. 또한 그 이론체계는 우발적 현상 또는 생물학적 및 신체적 법칙으로부터 형성된 것이 아닌 심리학적으로 결정된 정신 현상을 설명해야 한다. 그 체계는 논리적 법칙을 그리고 목적론적이기보다는 인과론적인 법칙을 적용해야 한다. 그것은 주어진 요소와 일치하든 불일치하든 다중적인 원인론을 허용하는 것이어야 한다. 법칙과 차원은 본질적으로 개인적인 고려가 아닌 것이어야 한다. 개인적인 고려는 관찰 자료나 임상적 이론화에 가까운 수준에서만 적절한 것이 될 수 있다. 프로이트는 자신의 이론을 새로운 관찰과 연역적 추론에 의해 수정되어야 하는 일종의 개념적 '희생양' 이라고 했다. 비록 초심리학이 임상적 관찰과 거리가 있다는 이유로 종종 논란거리가 되기는 하지만, 대부분의 정신분석가들에게 있어서 초심리학은 필요하고, 유용하며, 융통성 있는 이론 체계이다.7)

7) 초의식(superconscious)

초의식(superconscious)은 아사지올리(Assagioli, 1965)가 자신
의 종합심리치료의 일부로 도입한 개념이다. 초의식은 의식과 무의
식이 나란히 존재한다. Assagioli에 따르면, 초의식은 마음의 영역
으로 창조적이며 변형을 일으키는 영적 에너지들이 접촉하면서 자
연스럽게 발생한다. 초의식에서 인간은 고차적인 직관과 예술적 ·
철학적 · 과학적 · 윤리적 명법 및 인도적, 영웅적 행동의 재촉과
같은 동경을 받는다. 그것은 타자에게 향하는 애정과 같은 고차적
감정의 원천이다. 또 천재와 명상, 계몽, 황홀상태의 원천이기도 하
다. 초의식은 명상, 적극적 상상(active imagination), 음악과 같은
폭넓고 다양한 기법과 훈련을 통하여 접촉할 수 있다.[8]

8) 자기(自己)와 자아(自我)

자기(Self)는 무엇인가? 융(Carl G. Jung)의 분석심리학은 무
의식이 먼저 있고 거기에서 의식이 싹튼다고 주장한다. 융은 그

---

7) 정신분석용어사전, 2002. 8. 10., 미국정신분석학회, 이재훈 인용.
8) 상담학 사전, 2016. 01. 15., 김춘경, 이수연, 이윤주, 정종진, 최웅용.

의식과 무의식을 전체정신으로 자기라 명명했다. 또한 자기의 개념은 경험할 수 있는 것과 경험할 수 없는 것, 또는 아직 경험되지 않은 것을 포괄하고 있다. 자기는 자아를 초월하는 것이며 심오하고 멀리 있는 무의식까지 포괄하는 어떤 것이다. 이부영 교수는 자기는 '모르는 것' 이며 또한 '모든 것' 이라고 설명했다. 자기는 대극으로 이루어진 단일성이다. 모든 정신현상이 대극의 긴장과 갈등과 통합의 과정에서 진행된다. 대극성은 정신의 원초적 조건이다. '자기' 는 전체정신으로서 밝고 어두운 면을 그 안에 포괄하는 것이다.

분석심리학의 자아(ego)는 의식의 중심이며, 자기(self)는 의식과 무의식을 포괄하는 전체정신의 중심이다. 인간의 무의식 속에는 전체인격이 되려는 내적 충동이 모든 사람이 태어날 때부터 두루 갖추어져 있다는 주장이다. 자기는 진정한 의미의 그 사람의 개성이다. 따라서 분석심리학에서 자기실현은 '자기가 되는 것' 이다. 모든 사람이 자기실현을 할 수 있는 잠재력을 가지고 있다. 그런 잠재력을 일깨워서 적극적으로 자기실현을 수행 하느냐 하지 않느냐는 자아에 달려 있다.

융은 그림자(shadow)를 투사함으로써 사람들의 마음은 일시적으로 편안해 질 수 있지만 편안함이 지속이 되지는 않음을 주장했다. 또한 융은 진정한 자기를 보기 위해 페르소나

(persona)를 무조건 버려야 하는가? 냉엄한 자기성찰을 위해 자신과의 싸워야 하는가? 의존해야 하는가? 버려야 하는가? 의 조절을 언급했다. 전체정신의 중심에 입각해서 페르조나를 쓸 수도 있고 버릴 수도 있다는 것이다. 수동적 버림받음을 능동적 버림으로 전환해야 한다. 그러므로 인간은 자기를 찾고 자기를 실현하려는 꾸준한 노력이 필요하다(이부영, 자기와 자기실현, 한길사, 2012).

미드(George H. Mead)는 자존감의 안정성을 설명하면서 자기불일치(self-discrepancy)와 관련성을 주장했다. 자기불일치는 실제적 자기, 의무적 자기, 이상적 자기로 구분하여 설명된다. 실제적 자기(actual self)는 인간이 실제로 가지고 있는 자기이며, 의무적 자기(ought self)는 개인의 책임과 도덕적 기준이고, 이상적 자기(ideal self)는 인간이 바라고 원하는 목표, 희망, 소망을 의미한다.

자기불일치에 대해 Carl Rogers는 실제적 자기와 이상적 자기의 각 측면의 차이를 정신건강의 지표로 보았다. 이상에서 논한 바와 같이 자존감은 그 수준과 안정성의 정도에 의해 영향을 받는 심리이다. 또한 자존감의 안정성은 타인의 인정욕구와의 상관관계에서 작용하는 역동심리라고 할 수 있다(Rogers, C. R. 1959).

미드는 헤겔(Hegel) 철학의 영향을 받은 심리학자로 자기 (self)의 개념에서 인정욕구를 설명하기도 했다. 미드는 자기의 개념을 주자아(I)와 객자아(Me)로 구별했다. 주자아는 각 개인 이 독특하게 가지고 있는 자발적 능동적 자아이다. 객자아는 유 아기 때부터 타인의 역할의 이해/인정을 통하여 얻어지는 사회 적 자아이다. 미드의 자아는 정신적 심적 실제이기보다는 행위 내부에서 문제 상황을 해결하고 행위의 속행을 가능하게 하는 모종의 힘이다. 객자아는 환경에 대한 합리적인 적용행위를 가 능하게 하는 자극의 선택 능력으로서 이해된다(George Herbert Mead, 2002).

주자아는 타자의 존재가 필요 불가결한 관계로서 의사소통을 통한 역할 취득에 의해 자기 자신에 대해 반성적으로 될 수 있 을 때 비로소 성립한다. 자아는 고정된 것이 아니라 사회적 규 범을 내재화한 객자아(Me)와 자발적이고 충동적인 주자아(I)라 는 두 가지 측면으로 이루어진 것으로 동적이다. 객자아는 내면 화된 타자(internalized other)로 자기가 소속되어 있는 일반화 된 타자에 의해서 만들어지며 행동방향을 조절하고 사회적 관 계에서 서로를 인식하게 된다. 이러한 과정 속에서 무의식적으 로 서로의 관점을 이해/인정하고 사고하는 능력들이 상호작용하 여 주자아와 객자아가 성장되어 가는 것이다.

인간의 상호협동적 행위(concerted behavior)는 동물처럼 선천적으로 결정되는 것이 아니라 상대방과 경험을 공유/인정하면서 가능하다. 인간은 자기 자신을 객관화해서 볼 수 있게 되면서부터 역할담당 능력과 서로에 대한 반응 예측능력, 그리고 남의 입장에서 볼 수 있는 능력이 생기게 된다. 이러한 능력은 서로의 사고와 행동에 대해 인정하는 가운데 지속되며 성장하게 된다. 사회적 공동체는 사회적 합의에 기반을 두고 있으며 여기에 필요한 것이 마음(mind)이다. 마음은 자아의 능동적 측면으로 주자아와 객자아 사이의 내면적 대화이다. 이 대화를 지속하게 해 주는 것이 서로에 대한 존중과 이해/인정이다(George Herbert Mead, 1967).

9) 지각(知覺) 자아(perception-self)

지각자아는 생활체가 환경의 사상(事象)을 감관(感官)을 통하여 아는 일을 의미 한다. 환경 내의 물리화학적 에너지는 생활체의 감관에 도달하여 지각으로서 작용한다. 감관은 자극을 수용하여 구심성(求心性) 신경계를 흥분시키고 흥분은 중추에 도달하여 복잡한 과정을 일으켜서 지각을 발생시킨다. 이것은 지각을 발생적으로 본 경로인데 지각은 자극에 대응하는 차별 반응의 일종이라고도 할 수 있다. 그러나 직접현상으로서 지각은 무엇을 감지(感知)하느냐, 무엇을 인지(認知)하느냐를 의미한다. 사물을 인지하는 데서도 그것이 무엇인지는 모르지만 무엇인가의 존재를 발견(detection)하는 단계로부터 그것이 무엇인지를 명확하게 알게(recognition)되는 단계까지가 포함된다.

자아지각은 한쪽 손으로 다른 한쪽 손을 잡았을 때, 잡은 손은 잡힌 손을 자기의 외부에서 인지하게 되고 잡힌 손은 자기의 일부가 잡혔다고 감지하게 된다. 현상으로서 지각의 이러한 양상을 양극성(兩極性)이라고 한다. 감관에게 주어지는 개별적인 자극을 감수(感受)하는 것을 감각이라 하고 전체의 자극포치(刺戟布置)를 감수하는 것이다. 그러나 단순히 밝기나 크기가 아닌 사물의 인지로서의 지각과 구별할 때가 있지만 이 구별은 엄밀하게는 사용되지 않는다.

가. 지각의 종류

지각은 자극의 종류 또는 감관의 차이에 따라 각기 다른 성질과 기능을 가진다. 외부환경에 대한 것으로는 촉각 ·후각 ·미각 ·청각 ·시각 등이 있다. 신체내부로부터의 자극을 감수하는 것으로는 내장(內臟)·평형·운동 등의 지각이 있다. 이러한 차이는 또 분화(分化)·발달 정도의 차이마저도 보여주지만 현실행동에서는 각종 지각이 협동하여 작용함으로써 통합된 사물의 인지를 성립시킨다.

나. 자극 선택성

각 감관은 특유의 자극(적응자극)에 대하여 선택적으로 작용하고 다른 자극(부적응자극)에 대해서는 반응이 잘 일어나지 않는다. 안구(眼球)에 전기 자극을 주면 섬광(閃光)을 감지하게 되는 것처럼 부적응자극에 대한 지각은 예외적이다.

다. 자극강도

자극강도가 너무 약하면 지각은 일어나지 않는다. 지각이 일어나기 위해서는 강도가 일정한 한계치(限界値), 즉, 자극역(刺戟閾)에 도달하지 않으면 안 된다. 또한 자극강도가 너무 강해도 다른 한계치, 즉, 자극정(刺戟頂)에 도달하게 된다. 극히 작은 자극의 변화는 지각되지 않지만 겨우 알 수 있는 차이, 즉 변별역(辨別閾)이 있다.

라. 시간적 제약

자극이 주어질 때와 지각이 일어나는 사이에는 약간의 시간이 필요하지만 이 시간은 감관이나 자극의 강도에 따라 다르다. 또한 자극의 지속시간에 따라서도 지각은 점차 변화하게 된다. 자극은 밝은 곳에서 어두운 곳으로 들어갔을 때, 처음에는 보이지 않던 것이 차차 보이게 되는 것과 같은 감수성의 변화는 순응(順應)이라 한다. 그리고 반전도형(反轉圖形)을 보았을 때처럼 동일한 자극포치에서 도형과 바탕이 반전하는 경우가 있다. 자극이 제거되어도 지각이 소실되지 않고 어떤 종류의 상(像)이 존속하는 것을 잔상(殘像)이라 한다. 선행(先行) 지각이 후행(後行) 지각에 영향을 주어 사물의 크기를 다르게 보이도록 하는 경우가 있는데 이것은 잔효(殘效)라 한다.

마. 시각의 내적 특성

지각은 감관이 직접 수용막(受容膜)으로 수용하였을 때는 2차원의 포치가 된다. 그리고 보이는 공간은 3차원적으로 성립된다. 또한 1m 떨어져 있는 잉크병을 0.5m의 거리까지 접근시켜도 망막상(網膜像)에 따라서 4배로는 보이지 않는 것처럼 근자극(近刺戟)의 변화를 충실히 반영하지 않는 것을 항상성(恒常性:constancy)이라 한다. 그러나 지각은 원자극(遠刺戟)을 충실히 잡아서 외계를 모사(模寫)하지는 않는다. 여러 가지 착오를 일으키기도 한다. 이것을 착각(錯覺 :illusion)이라 하며 각종 기하학적 착시(錯視)·대비(對比)·가현운동(假現運動) 등이 있다. 그리고 상하(上下)하는 자극(근자극)의 특질에 반드시 대응하지 않고 오히려 그 근원인 사물(원자극)의 특질을 잘 반영하는 내적 특성을 가진다.

사물은 물체성을 띠고 주위에서 떠오른 도형(figure)으로 소재적(素材的)인 배경인 바탕(ground)에서 분절(分節)된다. 개수가 많은 것은 근접·유동(類同)·폐합·연속 등 군화(群化)의 법칙에 따라 모임을 현상한다. 게슈탈트 심리학에서는 이것을 프레그난츠(Prägnanz:간결성)의 원리로 해명하려 하였다.

환경 내의 것은 3차원의 넓이를 가지고 있지만, 광자극(光刺

戟)에서는 망(網)·좌우·전후 등 공간의 주요축에 따라 지각특질이 변화하는 비등방법(非等方法:anisotropy)도 그러한 특징을 보인다. 지각에서 중요한 것은 시공간적(時空間的)인 관계의 인지이며, 형태나 선율처럼 그것을 구성하는 부분이 변하여도 관계가 변화되지 않으면서 지각되는 것을 이조(移調:transposition)라 한다. 지각의 체제가 어떻게 발생하는가에 관하여는 경험이나 학습에 의해서 순응하고 변용된다고 강조하는 경험설과, 체제화는 경험으로는 변하지 않는다고 주장하는 생득설(生得說)이 있다.

바. 다른 기능의 영향

지각은 다른 기능으로부터 독립되어 있는 것이 아니라 요구·정동(情動)·태도·선행경험(先行經驗) 등에 의하여 많은 영향을 받는다. 고액권 화폐가 저액권보다도 크게 보인다는 것이 그 예이다. 인간이 사회생활에 직접적으로 관계되는 행동이 원인이 되어 영향을 받는 경우가 있는데, 이것을 사회적 지각(social perception)이라 한다. 흥분된 상태에서는 존재하지 않는 것도 존재하는 것처럼 생각되는 경우가 있는데, 이것을 환각(幻覺:hallucination)이라 한다.

II. 융합상담심리의 이론적 배경

**Approach
of
Convergence
Counseling
Psychology**

Ⅱ. 융합상담심리의 이론적 배경

1. 인간성격 기본이해

본장에서는 융합상담심리를 위한 접근에 앞서 정신분석과 인본주의 심리학, 행동주의 심리학, 인지심리학, 합리정서치료의 각 이론적인 틀로써 L.A. 젤리와 D.J. 지글러가 세운 9가지의 성격기본가정에 대해서 설명하고자 한다. 본서는 L.A. 젤리와 D.J. 지글러가 설명한 부분에 대해 동의하면서 이 가정을 양립구도로 접근하는 것이 아니라 융합적인 관점에서 수용하고 응용한다.

1) 자유론(freedom)과 결정론(determinism)

인간이 자신이 개인의 자유의사를 기지고 어떤 것을 결정 할 때에 주관적인 자유인가? 아니면 전혀 의식하지 못하거나 부분적으로 의식하는 외부요인이 어느 정도 영향을 주는가? 하는 것에 따라서 자유론과 결정론을 이해 할 수 있다. 즉 인간이 매일의 일상적인 행동을 수행하고 통제하는데 있어서 우리 자신의 자유가 얼마나 보장되는가 하는 문제이다.

인간본질에 관한 현대성격이론의 기본가정이 서로 다르다는 것은 아주 분명하다. 예컨대 칼 로저스(Carl Rogers)는 "인간은 단순히 기계적인 특성을 가진 존재가 아니다. 인간은 단순히 무의식적 욕망의 포로도 아니고, 자신을 창조하는 과정 중에 있으며, 생의 의미를 창조하며 주관적 자유를 실천하는 존재이다"라고 언급했다(Shlien, 1963, 307). 이와 정반대로 스키너는 "자율적 인간이란 말은 어떤 방법으로든지 우리가 설명할 수 없는 것을 설명할 때 쓰게 되는 하나의 핑계에 불과하다. 자율적 인간이란 우리가 모르고 한말이나 지식을 쌓아 감에 따라 그것이 무너져 버린다(1971, 200)." 라고 주장했다. 현재로서는 어느 누구의 입장도 확고한 사실로 인정되지 못했다. 그렇기 때문에 인간본성에 관한 기본가정으로 설명 하 수 밖에 없다.

인간 자신의 경험과 지적 성숙에 영향을 준 여러 요인을 토대로 인간이란 진정 자유로운 선택을 할 수 있는 존재라고 가정한다면, 자신의 행동에 영향을 미치는 여러 가지 환경적 영향력을 초월할 수 있다고 간주하고, 그런 식으로 성격이론을 구성해 나갈 것이다. 즉, 자유선택을 바로 인간이란 무엇인가를 나타내는 아주 근본적인 요소라고 볼 것이다.

결정론은 인간행동은 규정할 수 있는 어떤 변인에 의해 결정되는 것이라고 주장한다. 즉, 인간행동이 무의식적 동기, 외적강화, 초기경험, 생리적 과정, 혹은 문화적 영향에 따라 결정된다는 것이다. 성격이론가들의 자유론 결정론차원에서 어떤 위치를 가정하느냐 하는 것은 그의 이론과 그의 이론의 인간본성에 관한 시사점에 큰 영향을 끼친다(L.A.젤리, D.J.지글러, 29-31).

2) 합리성(rationality)과 비합리성(irrationality)

합리성-비합리성 차원은 인간의 이성이 우리의 일상행동에 어느 정도의 영향을 줄 수 있는가 하는 기본적인 문제를 제기한다. 즉, 인간이란 어떤 존재인가? 근본적으로 이성을 통해 자신의 행동을 결정하는 합리적 존재인가 아니면 비합리적인 힘에 지배당하는 존재인가? 로 구분하여 설명된다.

조오지 켈리(George Kelly, 1963)는 인간이 합리적 과정을 선택하여 자신을 한 모델로 삼아서 스스로 성격이론을 세운다고 주장했다. 즉, 켈리는 각 인간이 "인간에 관한 과학자"로 자신의 지적 과정이 그의 전 행동에서 아주 중요한 의미를 갖는다고 본다.

반면에 프로이드의 정신분석이론에서는 정신활동에 있어서 무의식이 그 기본이 된다. 프로이드는 "인간이 자신의 마음의 진실된 주인이 아닐지도 모른다는 가능성을 부인하려고 하는 까닭은 바로 헛바람이든 인간의 자존심 때문이다(Kohut 와 Seitz, 1963, 118)." 라고 말했다. 이 두 학자의 다른 의견은 인간이 자신의 운명을 책임지는 합리적 주인으로서 자기 행동을 이끄는 선장역할을 하고 있는 것일까? 아니면 그 존재조차 알 수 없는 깜깜한 비합리적 힘에 의해 지배당하고 있는 것일까? 하는 것을 설명하는 것이다.

인간의 합리성을 주장한다면, 인간은 아주 우세한 잠재력을 가진 존재로 인간의 행동을 크게 인지과정에 의해 결정되는 것으로 간주한다고 볼 수 있다. 즉, 합리성을 주장하면, 인간의 성격과 관련한 인지과정의 특성, 다양성 및 발달에 치우칠 것이다. 그러나 비합리성은 인간의 행동이란 개인이 의식하지 못하는 어떤 비합리적인 힘에 의해서 전적으로 결정되는 것이다. 즉, 인간의 무의식을 주장하는 것이다. 이러한 관계는 바다 위의 빙하에 비유되어 설명할 수 있다. 즉 의식적이고 합리적인 과정을 수면 위에 떠 있는 빙하부분으로, 무의식적·비합리적 과정을 그 밑의 더 큰 빙하부분으로 설명하는 것이다.

3) 전체주의(holism)와 요소주의(elementalism)

전체주의는 사람을 연구할 때 전체로 볼 때만이 그 행동을 이해할 수 있다고 가정한다. 그러나 요소주의는 인간의 각각의 구체적이고 기본적인 행동들과는 무관한 것으로 사람의 행동을 이해한다. 전체주의는 인간의 행동을 구성하는 요소로서는 전체 모양을 파악할 수 없다고 주장한다. 이는 형태주의 심리학의 영향을 받은 것이라고 할 수 있다.

전체주의는 사람을 세밀하게 분해할수록 추상적인 것만 다루게 된다고 역설한다. 쉴린(Shlien)은 "백묵 한 조각은 역시 백묵이다. 다만 작아졌을 뿐이다. 사람의 반쪽은 사람이 아니다". 라고 하였다. 반면에 요소주의자는 인간의 행동을 세부적으로 분석함으로써 인간행동을 체계적으로 이해할 수 있다고 주장한다.

4) 체질론(constitutionalism)과 환경론(environmentalism)

체질론과 환경론의 이해는 "인간의 성격 중 어느 정도가 유전되고 어느 정도가 환경의 영향을 받느냐"의 문제에 대한 찬반론으로부터 시작된다. 즉 인간의 특성이 어느 정도가 체질적 또는 유전적인 요소에서 결정되며 환경의 영향에 따른 결과는 어느 정도 인가에 대한 논쟁이다. 체질론은 히포크라테스의 4가지 기본 기질을 근거로 설명한다. 즉 인간은 혈액, 흑담즙, 황담즙, 점액의 균형에 따라 결정된다고 주장했다.

프로이드 또한 이드(ID)의 개념에서 인간의 유전된 성격의 기본 요소가 결정된다고 주장했다. 반면에 왓슨은 인간의 성격이 환경에 의한 학습중심이 된다는 것으로 행동주의 심리학을 주장했다. 학습이란 환경은 어떤 행동을 주조(mold)하는가 하는 심리적 과정을 의미한다. 체질론은 인간의 본질이 외부환경에서 영향을 받기 보다는 내부의 신체적 힘에 의한 결과라고 주장한다. 예를 들어 갑돌이와 갑순이는 id가 매우 강하기 때문에 또는 공격성이 유전되었기 때문에 공격적이라고 말한다.

이와 반대로 환경론은 인간의 본질은 환경의 영향에 좌우된다고 한다. 예를 들어 갑돌이와 갑순이는 그들 과거 조건형성(환경)의 히스토리가 그렇기 때문에 공격적으로 만들었다는 것이다. 이 두 가지 주장은 현대 심리학에서 상호작용론적 입장을 취하는 경향이 더 높다.

5) 가변성(changeability)과 불변성(unchangeability)

가변성과 불변성은 인간이 자신의 인생을 통해서 일어나는 기본적인 변화를 얼마나 책임질 수 있는가에 대한 문제이다. 즉, 인간 각 개인의 기본성격구조는 성장발달과정에서 변화될 수 있는가? 하는 문제이다. 또한 성격발달에 있어서 기본변화는 꼭 필요한 요소인가? 아니면 우리가 타인에게서 관찰할 수 있는 표면적 변화란 기본적 성격구조는 변하지 않고 영향 받지 않는 채 나타나는 행동의 변화에 불과한 것인가? 가변성-불변성 가정은 인간의 성격은 일생동안 얼마나 많은 기본적 변화가 일어나는가? 즉, 어느 정도로 기본적성격의 변화가 생기는가의 문제를 다룬다. 이 문제에 대해서 프로이드와 에릭슨은 근본적인 불일치를 주장한다.

에릭슨(1963)은 성격의 변화가능성을 가정한다. 일생은 항상 변화하는 것임을 강조하면서 에릭슨은 개인은 발달단계를 반드시 거쳐 간다고 묘사했는데 여기서 각 발달단계는 특정한 심리적 위기를 설명했다. 이 위기를 해소하는 방법에 따라 그들의 성격발달이 잘되기도 하고 또는 못되기도 한다는 것이다.

반면에 프로이드(1925)는 개인의 기본성격구조는 초기아동기의 경험에 의해 결정된다고 간주한다. 일생을 통해 피상적인 행동변화가 일어나기도 하지만 보통 내재된 성격구조는 불변한 채로 남아 있다. 프로이드는 성격의 근본적 변화는 매우 힘들며 또 이 변화는 흔히 장기간의 고통을 수반하는 정신분석치료에 의해서만 가능하다고 주장했다.

가변성을 지지하는 성격학자들은 일생을 몇 단계의 발단단계로 구분한다. 또한 행동변화를 가져오는 영향력을 강조하며, 개인이 어떻게 그의 과거와 불일치하는가를 설명해 주고, 개인의 성장이 진행 중임을 강조한다.

불변성을 지지하는 성격학자들은 인간의 생애기간동안 개인의 행동에 지속적으로 나타나는 핵심적 성격구조가 존재하고 있음을 설명해 나간다. 즉, 인간의 성격구조의 본질, 또는 이것의 형성에 영향을 주는 유전과 초기 환경적 요인, 그리고 이 성격구조가 생애를 통해 근본적으로 개인의 행동을 어떻게 형성하는가? 주장 해 나간다(L.A젤리, D.J.지글러, 35-36).

6) 주관성(subjectivity)과 객관성(objectivity)

주관론자들은 인간은 주관적인 경험과 사적인 경험의 세계에서 살고 있다고 주장한다. 칼 로저스는 인간은 외부환경자극보다 개인의 내적세계가 행동에 더 큰 영향을 주는 것으로 주장했다. 따라서 로저스는 한 개인의 외현적 행동은 그의 주관적 경험세계를 이해할 때 그 행동을 이해하는 것이 가능하다고 주장했다.

B. F. 스키너는 인간의 행동은 직접 행동과 환경 간의 관계에 초점을 맞추고 중개 상태로 가정해 온 마음을 무시하는 것을 주장했다. 즉 인간 행동의 대부분은 외부에서 작용하는 객관적인 요소에 의한 결과라고 보는 것이다. 결과적으로 주관성은 개인의 주관적 경험의 본질을 주로 강조하는 것이며 객관성은 인간의 객관적인 행동과 외부세계의 측정 가능한 요인간의 법칙적 관계를 분석하는 이론이다.

7) 발생성(pro-activity)과 반응성(reactivity)

발생성은 인간의 행동에 대해 그 행동 원인의 발생시점에 관심을 갖는다. 즉 인간행동은 인간 내부에서 스스로 발생되었는가 아니면 외부자극에 대한 일련의 반응인가에 있어서 발생성은 모든 행동의 원천이 개인 내부에 존재한다고 믿는 것이다. 이는 사람은 반응하는 것이 아니라 행동하는 것을 의미한다.

Abraham Maslow는 인간은 바로 이 순간에도 매우 활동적이며 그 내부에 자신의 장래를 설명하고 있다고 강조했다. 반응성을 주장하는 학자들은 인간행동을 외부세계의 자극에 대한 반응이라고 주장한다. 인간 행동의 진정한 원인은 내부가 아니라 그 개인의 외부에 있다는 것을 말한다. 반응성의 입장은 자극반응 또는 행동과 환경간의 관계를 강조하는 것이다.

8) 평형성(homeostasis)과 불평형성(heterostasis)

평형성과 불평형성은 인간의 동기에 관한 문제이다. 평형성은 절대적 긴장을 줄이고 내적 균형상태를 유지하도록 동기화 하는 것이다. 불평형성은 인간의 기본동기를 성장, 자극추구, 자아실현을 지향하는 것이다. 평형성에서는 균형을 유지하려는 동기의 토대가 없이는 성격발달이 불가능하다고 본다. 따라서 인간 각 개인은 여러 가지의 요구를 감소시키며, 내적 균형상태를 유지시켜주는 안정성을 토대로 독특한 성격을 형성 해 간다고 주장한다. 평형성을 주장하는 학자는 Charotte Buhler, John Dollard, Neil Miller 등이다.

불평형성을 주장하는 대표적인 학자는 Abraham H. Maslow,

Carl Rogers 이다. 이들은 인간이 근본적으로 성장과 자아실현을 끊임없이 추구하려는 동기를 가진 존재로 보고 있다. 즉 인간은 단순히 요구감소를 위해서 살기보다는 항상 새로운 자극과 자아충족을 위한 도적적인 삶을 산다는 것이다. 이러한 기본 동기에 의해서 성격발달이 이루어진다고 주장한다.

불평형성은 자아실현을 위한 인간 동기의 통합, 미래지향적 노력, 성장과 자아실현을 위해 개인이 추구하는 여러 수단을 강조한다. 반면에 불평형성은 인간의 기본요구나 본능의 특성과 다양성의 동기에 의해 발생되는 긴장감을 감소시키기 위해 형성된 성격 메카니즘과 이 긴장감소를 위한 메카니즘을 획득하게 된 과정을 강조한다.

9) 가지성(knowability)과 불가지성(unknowability)

가지성과 불가지성은 인간의 본성은 과학적인 방법으로 파악될 수 있는가 아니면 과학적인 이해의 가능성을 초월하는 그 무엇이 인간 안에 내재되어 있는가의 문제이다. 오늘날의 심리학이 인간의 대해서 많이 알고 있음에도 불구하고 모른 것이 있다.

결정론과 객관론에 입장을 취하는 학자들은 인간에 대해 과학적 이해가 가능하다고 볼 것이다. 대표적으로 존 왓슨과 스키너 즉 행동주의 입장이 된다. 행동주의 심리학자들은 주의 깊은 관찰과 실험을 통해서 성격에 적용 될 수 있는 개념을 발전시켰다. 불가지성을 취하는 입장은 인간 이해를 과학의 범위를 초월하여 인간을 연구한다.

정신분석 이론과 심리학의 이론가들은 위에 논한 바와 같이 서로의 주장에 따라 양분된 인간 이해를 하고 있다. 그러나 융합상담심리학은 인간의 다양한 장단점들에 수렴하고 상호작용하는 차원에서 서로 특징들이 톱니바퀴처럼 맞물려 함께 돈다는 의미에서의 융합이다. 따라서 인간의 유전(Heredity), 상황(context)과 특수상황(situation) 맥락적인 환경(Environment), 신체적 영역(Body), 정서적 영역(Emotion), 영감/영혼/정신적 영역(Sprit)의 융합을 강조한다.

2. Alfred Adler의 창조적 자아

창의적 자아의 개념은 개인의 성격에 대한 책임을 그 자신의 손에 맡기는 의미이다. Adler가 주장하는 창의적 자아는 한 개인을 회복하고 성장시키는 핵심 정신이다. Adler는 생활양식 창의력을 주장했다. Freud의 자아는 선천적 본능의 목적에 기여하는 심리적 과정인데 비해, Adler는 유기체의 경험을 설명하며, 의미 있는 개인적인 주관적 체계의 자아를 설명한다. 즉, 각 개인은 독특한 생활양식을 형성하는데 도움이 되는 경험을 촉구한다. 모든 인간의 성격은 주로 자신에 의해 창의되고, 그 개인의 창조적 자아는 희망적 목표와 그에 따른 생활양식을 형성하는데 결정적인 요소가 된다. 그러나 인간의 삶을 좌우하고 영향력을 행사하는 희망적 목표에서 인간 대부분이 목표를 깨닫지 못하거나 어느 정도 합리적으로 수행하더라도 그 중요성을 모르고 있는 것은 비합리성의 경향이 되지만, Adler의 창의적 자아에게 부여한 희망적 목표는 합리적 방향을 시사 하는 것이다.

창조적 자아는 성격형성을 창조한다. Adler는 인간의 성격형성에 있어서 **유전**과 **환경**을 인정함과 동시에 인간의 창조적 자아에 역동적인 힘을 강조했다. 창조적 자아는 인간 각 개인의

삶을 좌우 할 수 있는 것으로 자유롭고 의식적인 활동을 할 뿐
만 아니라, 인간의 지각, 기억, 상상력, 환상, 꿈 등에 영향을
준다는 것이 Adler의 주장이다. 즉 인간은 창조적 자아의 힘을
통해서 의사결정을 하며 인생의 목적을 설계한다. Adler의 말을
직접 인용해 보자: "가장 중요한 것은 사람이 무엇을 가지고 태
어났느냐가 아니라 사람이 유전적인 것을 어떻게 이용하느냐"
이다. 환경의 영향에 대해서 말한다면 두 사람이 이 영향에 똑
같은 방법으로 반응한다고 볼 수 없다. 그러므로 인간의 또 다
른 힘인 창조적 자아를 강조할 필요가 있다는 것이다(Adler,
1964: 86-87).

　　Adler는 **유전**과 **환경**보다 더 중요한 창의적 자아를 주장한다.
Adler는 인간이 행동을 형성하는데 있어 **유전**과 **환경**을 인정하
면서 인간의 창의적인 힘을 더 강조한다. 즉, 인간은 **유전**과 **환
경**을 기초로 하여 자신의 삶을 독특하게 이루어 나아가는 창의
적인 힘이 있는 존재로 설명한 것이다(Adler, 1956: 206). 이
는 인간의 자유와 창의력을 언급한 것으로 "현대 인본주의 심리
학의 창시자"로 평가된다. 이러한 Adler의 창의적 자아의 개념
은 정신분석 이론으로서는 새로운 것이고, 생물학적 욕구와 외
적 자극에만 전적으로 의존했던 정신분석학의 극단적 개인주의
를 보안하는데 도움을 주었다(Adler, 1964: 29-31). 이와 같

이 Adler는 인간의 **유전**적인 면과 자신에게 주어진 **환경**을 기초로 하여 자신의 삶을 주관적으로 독특하게 이끌어 갈 수 있는 존재로 보고 있다. 즉 Adler는 인간 안에 있는 "역동적인 힘인 창조적 자아"를 설명하고 있다.

Adler는 인간의 심리가 실제로 정신역학이라고 주장했다. Adler는 본능적인 요구를 강조하는 Freud의 심리학과는 달리 인간의 심리는 목표에 의해 인도되고 아직 알려지지 않은 창의적인 힘에 의해 촉진되는 것을 주장했다. Adler의 허구의 목표는 대부분 의식이 없다. 이러한 목표에는 '목적론적' 기능이 있다.

신칸트주의와 니체 사상의 영향 구성주의 Adlerians는 대부분의 사람들이 무수한 허위 목표와 함께 해독될 수 있는 허구의 최종 목표를 가지고 있다고 본다. Adler가 말하는 열등감/우월 정신역학은 다양한 형태의 보상과 보상을 통해 지속적으로 작동한다. 예를 들어, 가상의 최종 목표는 '완벽하게 얇은' 것으로 열등감을 바탕으로 한 초과 보상이다. 따라서 가상의 최종 목표는 주관성에 항상 존재하는 기능을 제공할 수 있다. Alder의 창조적 자아의 개념은 융합상담심리의 HEBES을 사용하고 응용하고 성장시키는 핵심개념이 된다.

3. 코칭과 융합상담심리

'코칭(coaching)'은 커다란 사륜마차를 가리키는 '코치(coach)'[9]로부터 비롯된 용어이다. 코칭은 사람을 목적지까지 운반한다는 의미로 목표점에 다다를 수 있도록 **인도한다는 의미**로 발전되어 사용되고 있다. 코칭은 1830년에 영국 옥스퍼드 대학에서 학생들의 시험통과를 돕는 가정교사 일을 가리키는 말로 사용되었다. 1861년에는 스포츠 분야에서 사용되기 시작하면서 개인이 지닌 능력을 최대한 발휘하여 목표를 이룰 수 있도록 돕는 일을 가리키는 의미도 통용되고 있다. 즉, 코칭은 개인의 목표를 성취할 수 있도록 자신감과 의욕을 고취시키고, 실력과 잠재력을 최대한 발휘할 수 있도록 돕는 일을 의미한다.

---

9) '코치'의 어원은 헝가리의 도시 코치(Kocs)에서 개발된 네 마리의 말이 끄는 마차에서 유래하였는데, 1980년대 후반, 미국의 기업들이 코칭을 도입하여 전문적인 비즈니스 코칭이 탄생하였다

코칭상담은 풍부한 경험과 지식으로 지표를 제시해주는 멘토링(mentoring)이나 지식을 전달해주는 티칭(teaching), 상담(counseling)과 달리 코칭은 계약관계로 맺어지고, 개인의 변화와 발전을 지원하는 수평적이고 협력적인 파트너 십에 중점을 둔다. 코칭 상담은 성취를 이루려는 개인과 적극적으로 **소통**과 **공감**을 하면서 동기부여와 믿음을 심어주며, 스스로 문제점을 찾아 해결할 수 있도록 도와주는 일이라고 할 수 있다.

융합상담심리는 인간의 마음과 신체를 회복할 뿐만 아니라 더 나아가서 영혼(soul)을 돌봄(care)을 목표로 한다. 융합상담심리는 치유(healing), 지탱(sustaining), 화해(reconciling), 인도(guiding), 성장(growing)시키고, 성숙(ripeness/maturity)성숙시키는데 중점을 둔다. 따라서 치유와 지탱과 화해가 **상담**(counseling)이라면, 인도와 성장과 성숙은 **코칭**(coaching)이라고 할 수 있다.

융합상담심리의 코칭은 인간의 몸(body)과 마음(mind)와 정신/혼(soul)에 대해 균형 있게 전인적인 회복을 위해 전문적인 도움을 주는 기법이다. 코칭상담은 HEBES의 개념을 어떻게 수용하고 사용하며, 적용하는데 기법이자 방법의 하나로 선택해야 할 개념이다.

III. 융합상담심리의 실제

Practice
of
Convergence
Counseling
Psychology

Ⅲ. 융합상담심리의 실제

1. Adler의 개인심리학과 융합상담심리

Alfred Adler의 목표는 사회 평등뿐만 아니라 개인의 전체론적 견해를 주장하는 심리적 운동을 만드는 것이었다. Adler의 개성과 인성 이론은 오늘날의 주류 심리학과 크게 다를 뿐만 아니라 Freud와도 크게 달랐다. Adler는 사회 및 공동체 영역이 개인의 내부 영역과 마찬가지로 심리학에 중요성 믿었다. Adler는 상징적인 것을 무시하고 환자와 임상의 간의 평등의식을 만들기 위해 두 개의 의자를 사용하는 최초의 심리치료사 중 한 사람이다.

Adler는 또한 가능한 미래의 심리적 문제를 해결하기 위한 예방수단으로 가족 육아, 특히 육아 및 가족 위치에 중점을 두었다. Adler는 실용적이고 목표 지향적인 접근 방식을 통해 서로 섞인 세 가지 삶의 과제 직업, 사회 및 사랑을 이론으로 채택했다. 또한 Adler는 각각의 모든 삶의 과제에서의 성공과 건강은 협력에 달려 있음을 강조한 심리학자이다. Adler의 가장 영향력 있는 개념은 사회적 관심이다. 사회적 관심은 타인의 복지 증진에 개인의 개인적인 관심으로 간주되고 있다. 개인과 공동체로서 서로 협력하고 협력함으로써 사회 전반에 이익을 얻을 수 있는 것만이 건강한 사람이라는 점을 강조한다.

Adler의 주장은 심리치료적 실천과 현대 사상에 크게 흡수되어 왔다. '보상'과 '열등감'과 같은 그의 용어 중 일부는 일상 언어로 사용된다. Adler의 심리학인 개인 심리학은 다른 심리학에 근원적인 영향을 주었다. 대표적인 학자가 Karen Horney, Harry Stack Sullivan, Franz Alexander이다.

Alder는 병리학과 건강, 우월과 보상의 개념, 사회적 관심 (Gemeinschaftsgefhle)과 건강한 사람의 기준을 제시한 심리학자이다. Alfred Adler의 이론은 성격의 모델, 정신병리학의 이론, 그리고 많은 경우 정신발달과 개인 성장을 위한 방법의 기초가 되었다. Adler는 다음과 같이 썼다. "모든 개인은 하나의 성격을 나타내며 한 개인은 연합체적인 존재이다. 따라서 개인은 그림과 예술가로서 자신의 개념을 바꿀 수 있다." 마치 자신이 그린 그림을 바꿀 수 있는 것처럼 자신의 삶을 창의적 자아의 힘에 의해 변화를 줄 수 있는 존재로서 인간을 이해했다.

1) Adler의 주요 사상

* 인간의 모든 행동 뒤에는 우월에의 추구가 있다. 우월에의 추구는 인간은 누구나 마이너스 상황에서 플러스 상황으로 완전을 향해 가려는 기본적인 힘이 있다(Adler, 1956, 2).

* 인간의 모든 행동은 사회적 맥락에서 일어난다. 인간은 상호관계를 맺어야만 하는 환경 속에서 태어났기 때문에 인간을 고립된 채로 연구될 수 없다(Adler, 1929, 211-227). Adler의 "개인 심리학"은 대중 심리학이라 유추할 수 있다. Adler는 인간이 지구상에 함께 하고 있는 사람들과 어떻게 상호작용하느냐가 가장 중요하다고 강조했다(Adler, 1958, 6). 즉, 인간은 개인적 대인관계를 초월한다는 것으로 더 큰 사회적 총체의 일부로서의 존재감을 강조했다. 또한 사회적인 소속감과 공공의 복지를 위해 공동체 생활에 기여하려는 자발성을 발전시켜 나아가는 존재로 이해한다. 이 표현으로 Adler는 공동체 의식(Gemeinschaftsgefuhl <독>)을 중요하게 언급했다.

* Adler 심리학은 인간을 총체론(Holism)적 입장에서 접근하고 있다. Adler는 환원주의를 거부하는 것으로 사람이 일생을

어떻게 살아가는가를 중점적으로 연구하기 위해 부분적 기능들
은 중요하게 생각지 않았다. 이는 의식과 무의식, 마음과 육체,
양가감정과 갈등 등의 양극성의 개념을 의미한다. 사람들의 의
식은 한쪽 방향으로 움직이는 반면 무의식은 다른 방향으로 움
직이는 것처럼 행동한다는 것이다. 즉 개인의 주관적인 경험으
로서만 의미가 있다는 입장이다(Mosak, et. al., 1976, 32,
19-26).

 * 인간의 의식과 무의식은 목표를 추진하기 위한 것으로 사용
하는 개인에게 유용하다. Adler는 인간의 무의식을 명사라기보
다는 형용사로 언급하면서 이해되지 않는 것으로 구체화시키는
것을 회피하였다. 인간은 자신이 이해하는 것 이상을 알고 있다
고 보는 것이 Adler의 인간 이해이다(Adler, 1963).

 * 인간 각 개인의 생활양식(life-type)과 인지조직(cognitive
organization)은 그 개인을 이해하는데 중요하다. 각 개인은 인
생의 초기에 경험을 조직하고, 이해를 하면서 자신의 생활양식
을 만들어 간다. 따라서 Adler가 말하는 생활양식은 한 개인이
세상을 지각하는 방식과의 관계 속에서 그 자신을 바라보는 "안
경"이라고 주장했다.

＊인간은 유전과 환경에 의해서 결정되지 않는다는 것이다. 인간의 유전과 환경은 개인이 그의 양식화된 창의력의 관점에서 응답하는 틀과 영향력을 제공할 뿐이다(Adler 1956, ⅩⅩⅣ). 인간은 세상에서 자신의 위치와 안전을 제공해 나간다. 또한 자존심을 지켜줄 것이라고 느끼는 자기 선택적 목표를 향해 움직인다. "인간 정신의 생명은 '있는 것(being)'이 아니라 '형성되어 가는(becoming)'것이다"(Adler, 1963, ix)

＊인간이 중심적으로 추구하는 것은 완성(Adler, 1958), 완전(Adler, 1964a), 우월(Adler, 1926), 자기 현실화(Hornet, 1951), 자기실현(Goldstein, 1939), 유능성(White, 1957) 및 극복(Adler, 1926) 등으로 다양하다.

＊Adler의 심리학은 전인적인 인간을 주장한다. Adler는 인간의 질병에 대해서 총체론적으로 이해한다. 인간의 정신적 과정과 신체적 과정사이에 깊은 연관성이 있다는 주장이다. 이러한 Adler의 인간관은 정신과 육체의 통일성, 더 나아가서는 사회적인 존재로서의 인간을 통찰하고 있는 것이다(Adler, Hertha, Orgler, 13-14).

* Adler 심리학의 중심개념에는 기독교적인 경향을 가지고 있다(Adler, 1958; Jahn과 Adler, 1964). Harold H. Mosak는 Adler의 심리치료를 Adler가 가치이론의 정점에서 사회적 관심을 배치한 것은 인간 서로에 대한 책임을 강조하는 종교의 전통을 따른 것이라고 언급하고 있다(Harold H. Mosak, 78). Stanton, L. Jones and Richard E. Butman은 Adler의 심리학이 기독교 상담가들을 위해서 가장 적응력 있는 시스템 중의 하나라고 평가했다(Stanton, et. al., 226).

종합하면, Adler의 인간은 전체로서의 개인, 개인으로서의 전체를 이해하고 있다. 사회 심리학적 분야는 자신의 움직임, 행동 및 관계에 의해서만 연구될 수 있음을 주장했다. 정신발달의 맥락에서 본질적으로 작업의 과제와 그룹에 속한 개인의 감정을 중요시 했다. 개인이 기계적 힘에 의해서 뿐만 아니라 자기실현의 특정 목표를 향해 나아간다는 믿음을 가지고 있었다. 그리고 각 사람이 더 완벽해지려고 노력하고, 한 가지 역동적인 힘, 즉 완성을 향한 상향적인 힘에 의해 동기 부여된다.

인간이해

Adler의 인간은 전체로서의 개인, 개인으로서의 전체를 이해하고 있다. 사회 심리학적 분야는 자신의 움직임, 행동 및 관계에 의해서만 연구될 수 있음을 주장했다. 정신발달의 맥락에서 본질적으로 작업의 과제와 그룹에 속한 개인의 감정을 중요시했다. 개인이 기계적 힘에 의해서 뿐만 아니라 자기실현의 특정 목표를 향해 나아간다는 믿음을 가지고 있었다. 그리고 각 사람이 더 완벽해지려고 노력하고, 한 가지 역동적인 힘, 즉 완성을 향한 상향적인 힘에 의해 동기 부여된다.

초기기억

Adler는 환자와 학교 아이들과 일하면서 초기기억의 해석에 중점을 두면서 "모든 마음표현 중에서 가장 드러나는 것은 개인의 기억이다."라고 했다. Adler는 추억을 '사적인 논리'의 표현으로, 그리고 개인의 삶이나 "생활 방식"에 대한 은유로 보았다. 그는 추억이 우발적이거나 사소한 것이 아니라고 주장했다. 오히려 그들은(사람의) 기억은 한계와 사건의 의미에 대해 가지고 있는 기억이다. 기회의 기억이 없다. 이 기억은 심상에 영향을 주어 자신의 일생의 창의성과 관련이 있다.

출생서열

Adler는 종종 출생 순서를 삶의 방식과 심리적 구성의 강점과 약점에 영향을 미치는 것으로 강조했다. 출생 순서는 가족 내의 형제 배치에 관한 것이다. Adler는 맏아들이 두 번째 자녀가 도착할 때를 기다리는 부모의 완전한 관심을 즐기면서 유리한 위치에 있다고 믿었다. 이 두 번째 아이로 인해 첫째 아이는 더 이상 중심이 아니며 폐기의 감정을 겪게 된다. Adler는 세 자녀 가정에서 첫째 어린이가 신경증과 약물 중독으로 고통 받을 가능성이 가장 높다고 믿었으며 과도한 책임감에 대한 보상은 '어깨에 세계의 무게' (예를 들어 젊은 애들을 보살펴야 하는 등)라고 보았다. 그리고 우울한 상실감은 한때 가장 위풍당당한 자세가 될 수 있다고 역설했다. 가장 막내는 지나치게 굴욕을 느끼는 경향이 있으며, 사회적 공감력이 약할 수 있다. 결과적으로, 겸손하지 않은 중학생은 성공한 개인으로 성장할 가능성이 가장 높았으나 반역자가 될 가능성이 높다고 보았다.

Adler의 출생 순서 역할에 대한 그의 해석은 과학적 지지를 받기는 어렵지만 심리적으로 설득력이 있다. 그러나 이 가설의 가치는 Freud가 어머니와 아버지에 대해 제한적으로 강조하는 것보다 개인 심리를 표시하는 형제자매의 중요성을 확대하였다는 것이다. 따라서 내담자의 심리에 미친 영향을 치료학적으로 조직하는데 도움을 준다. Adler는 출생 순서의 현상학 접근을 중요시했다.

결론적으로 형제적 위치 및 상호관계의 주관적인 경험은 Adler의 치료사와 성격 이론가에게는 정신 역학적으로 중요함을 강조한 것이다. Adler에게 출생 명령은 "왜 같은 가족에서 자란 자녀들이 매우 다른 성격을 가지고 자라는가?"라는 질문에 대답했다. 엄격한 유전학, 형제자매가 공유된 환경에서 키우는 동안 개성의 차이가 개인 유전학의 미묘한 차이로 인한 것이라고 주장했다. Adler는 출생 순서 이론을 통해 어린이는 동일한 공동 환경에서 자라지 않는다는 것을 보여주었다.

삶의 스타일

Adler는 한 개인의 의미와 소속에 대한 개인의 노력은 하나의 패턴으로 관찰될 수 있음을 주장했다. 이 패턴은 일생 초기에 나타나며 일생을 통해 주제로 관찰될 수 있다. 이것은 인식과 행동의 모든 측면에 스며든다. 개인의 생활 방식을 이해한다면 그의 행동은 의미가 있다. 개인정보는 생활양식을 자극하고 정당화하기 위해 개인이 정보이다. 이 개인의 생활양식은 사회의 누적되고 합의된 추론이 가능하다.

Adler의 개인 심리는 개인이 자신의 가치와 가정을 밝혀내기 위해 평등하다고 생각한다. 어떤 사람은 자신이 잘못 알고 있는 대로 행동하지 않는다는 사실을 깨닫지 못하므로 개개인을 오류의 통찰력 있는 노출로 안내할 뿐만 아니라 보다 유용한 삶의 방향으로 방향을 바꾸도록 노력해야 한다. 한 개인의 라이프 스타일의 형성과 개인을 자신에게 시연하기 위해 수집된 정보는 개인 심리치료의 매우 유용하게 사용된다. 생활양식은 그 사람의 행동에 대한 특별한 해석이며, 삶의 특정 철학을 가르치고 행동하는 사람을 자극하는 것이다. Adler는 한 개인의 고유한 생활양식은 정신발달에 폭넓게 적용된다고 보았다.

사회적 관심

사회적 관심은 인간의 모든 자연적 약점에 대한 필연적인 보상이다. 사회적 관심은 삶의 방식이며 자신에 대한 자신감의 낙관적인 느낌으로 다른 사람들의 복지와 복지에 대한 진정한 관심이 된다. 인간은 분명히 어떤 동물보다 성숙되기 전에 다른 사람들에게 훨씬 더 긴 의존성을 필요로 하는 사회적 존재이다. 열등감이 너무 크지 않은 한, 사람은 보람 있고 삶의 유용한 면에서 항상 노력할 것이다. 왜냐하면 이것이 공통 복지에 기여함으로써 생겨난 가치 있는 존재라는 느낌을 주기 때문이다. 인간은 사회적 존재이다. 자연은 치열하며 상대적으로 약하고 공동체 생활의 지원이 필요하다. 사회학적인 관점에서 볼 때, 정상인은 사회에 살고 있으며 삶의 방식이 너무 적응되어 사회가 자신의 라이프 스타일로부터 일정한 이익을 얻는 개인이 된다.

심리적인 관점에서 볼 때 그는 삶의 문제와 어려움을 해결할 충분한 에너지와 용기를 가지고 있다는 것이다. 이러한 사회적 관심은 모든 사람이 나면서부터 근본적으로 가지고 태어난다는 것이 Adler의 통찰이다. 따라서 Adler는 인간의 건강한 정신과 행동의 진단을 그 사람이 사회적 관심을 가지고 살아가느냐 그렇지 않느냐로 결정하고 있다. 또한 인간은 근본적으로 자신의 열등감 극복을 위해 우월에의 추를 하는데, 그 결과가 사회적으로 유용하면 정상적인 열등감 극복과 우월에의 추구로 그렇지 않으면 병리적 우월에의 추구와 열등감 극복으로 진단했다.

열등감 극복과 우월에의 추구

Adler에 의하면, 모든 인간은 선천적으로 열등감의 극복을 위해서 완전과 우월에의 추구를 하는 존재이다. 즉, 인간의 열등감은 인생에 있어서 신장과 성장, 창조성을 주는 원천이 된다는 설명이다. 인간 모두는 자신의 열등감을 동기로 하여 삶의 목표에 대해서 완전을 추구하고 있다. Adler는 다음과 같이 말했다: **"인간 각 개인은 자신의 삶의 창조자이며, 무기력한 희생자가 아니다 과거보다 미래를 전망하는 목표와 목적을 가진 존재이다. 이 목표는 인생의 문제들을 해결하고, 창조하는데 도움이 된다**(Adler, 1964a, 29-31).

열등감 보상으로 사회적 관심

인간은 열등감의 보상에 형태로 구체적인 목표를 세우고, 그 목표를 이루기 위해서 노력한다. 이 열등감의 보상에 형태로는 개인의 목표를 사회적인 감정 내지 공동체의식 속에서 세워져야 하며 지배되어야 한다는 것을 Adler는 주장했다(89). 따라서 Adler는 열등감 그 자체를 문제시하지 않았고, 도리어 긍정적인 평가를 하고 있다. 즉 인류의 발전은 인간들이 자신을 개선하려는 모든 노력의 결과로 열등감을 이해했다. 과학도 인간이 자기의 무지와 미래를 예견할 필요성을 느낄 때에만 일어날 수 있으며, 문화도 열등감에 극복에 결과로 보는 것이 애들러의 입장이다(83-85, 88-89).

열등감 극복으로 우월에의 추구

Adler는 인간이 다른 사람들에게 우월한 것처럼 말하고 행동하는 배후에는 열등감이 존재하고 있기 때문이며, 열등감이 강한 사람일수록 불순종하고 말이 많으며, 공격적인 경향이 많다는 것을 주장했다. 인간 모두는 공통적으로 열등감을 가지고 있기 때문에 다양한 방법으로 자기표현을 한다. 그 이유는 열등감이 항상 긴장을 자아내기 때문에 좀더 나아지고 싶다는 생각으로 우월에의 추구를 향해 움직이기 때문이다. 또한 사람은 자기 속에 있는 열등감을 극복하기 위해서 만족스러운 다양한 수단을 가지고 감정과 상황을 제거하며 개선하려고 무단히 노력한다. 그러나 자기 기만적인 노력으로 열등감을 극복할 수 없으며, 구체적인 목표를 정하고 그 목표를 이루기 위해서 장애물을 극복할 때 해결 할 수 있다는 것이 Adler의 통찰이다.

Adler 심리학과 치료

Adler는 열등감에 대한 그의 연구의 대부분을 자신의 공동체와 사회의 맥락에서 우월감, 실망감, 소속감에 집중시켰다.

Adler에 따르면, 열등감은 신경증적 행동을 초래할 수 있지만 올바른 환경에서 큰 성공을 위해 동기부여로 사용될 수 있음을 강조했다. Adler는 개인의 개발에 초점을 맞추고 개인의 개성 이해와 모든 인간의 상호 연결성을 수용하는 차원에서의 치료를 제안하였다. Adler 심리치료는 모든 심리유형의 심리적 장애 또는 정신 질환의 치료에 성공적으로 적용될 수 있는 근거 기반 접근법이다. Adler는 놀이치료, 예술요법, 문화적으로 민감한 상담과 같은 다른 치료 방법과 함께 사용될 수 있다. 이는 개인의 필요에 가장 잘 맞는다. Adler 심리치료 접근법은 어린이, 청소년, 성인, 개인, 커플, 가족 또는 다른 그룹과 함께 사용할 수 있다.

Adler 심리학의 개념과 영향

Adler의 목표는 사회 평등뿐만 아니라 개인의 전체론적 견해를 주장하는 심리적 운동을 만드는 것이었다. Adler의 개성과 인성 이론은 오늘날의 주류 심리학과 크게 다를 뿐만 아니라 Freud와도 크게 달랐다. Adler는 사회 및 공동체 영역이 개인의 내부 영역과 마찬가지로 심리학에 중요하다고 믿는다. Adler는 상징적인 것을 무시하고 환자와 임상의 간의 평등의식을 만들기 위해 두 개의 의자를 사용하는 최초의 심리 치료사 중 한 사람이었다. Adler는 또한 가능한 미래의 심리적 문제를 해결하기 위한 예방수단으로 가족 육아, 특히 육아 및 가족 위치에 중점을 두었다.

Adler는 실용적이고 목표 지향적인 접근 방식을 통해 서로 섞인 세 가지 삶의 과제 직업, 사회 및 사랑을 이론으로 채택했다. 또한 Adler는 각각의 모든 삶의 과제에서의 성공과 건강은 협력에 달려 있음을 강조한 심리학자이다. Adler의 가장 영향력 있는 개념은 사회적 관심이다. 사회적 관심은 타인의 복지 증진에 개인의 개인적인 관심으로 간주되고 있다. 개인과 공동체로서 서로 협력하고 협력함으로써 사회 전반에 이익을 얻을 수 있는 것만이 건강한 사람이라는 점을 강조한다.

Adler의 주장은 심리치료 실천과 현대 사상에 크게 흡수되어 왔다. '보상'과 '열등감'과 같은 그의 용어 중 일부는 일상 언어로 사용된다. Adler의 심리학인 개인 심리학은 다른 심리학에 근원적인 영향을 주었다. 대표적인 학자가 Karen Horney, Harry Stack Sullivan, Franz Alexander이다. 그는 병리학과 건강, 우월과 보상의 개념, 사회적 관심(Gemeinschaftsgef hle)과 건강한 사람의 기준을 제시한 심리학자이다. Alfred Adler의 이론은 성격의 모델, 정신병리학의 이론, 그리고 많은 경우 정신

발달과 개인 성장을 위한 방법의 기초가 되었다. Adler는 다음과 같이 썼다. "모든 개인은 하나의 성격을 나타내며 한 개인은 연합체적인 존재이다. 따라서 개인은 그림과 예술가로서 자신의 개념을 바꿀 수 있다." 마치 자신이 그린 그림을 바꿀 수 있는 것처럼 자신의 삶을 창조적 자아의 힘에 의해 변화를 줄 수 있는 존재로서 인간을 이해했다.

2) 융합상담심리 논의

Adler는 열등감에 대한 그의 연구의 대부분을 자신의 공동체와 사회적 맥락에서 우월감, 실망감, 소속감에 집중시켰다. Adler에 따르면, 열등감은 신경증적 행동을 초래할 수 있지만 올바른 환경에서 큰 성공을 위해 동기부여로 사용될 수 있음을 강조했다. Adler는 개인의 개발에 초점을 맞추고 개인의 개성 이해와 모든 인간의 상호 연결성을 수용하는 차원에서의 치료를 제안하였다. Adler 심리치료는 모든 심리유형의 심리적 장애 또는 정신 질환의 치료에 성공적으로 적용될 수 있는 근거 기반 접근법이다. Adler는 놀이치료, 예술요법, 문화적으로 민감한 상담과 같은 다른 치료 방법과 함께 사용될 수 있다. 이는 개인의 필요에 가장 잘 맞는다. Adler 심리치료 접근법은 어린이, 청소년, 성인, 개인, 커플, 가족 또는 다른 그룹과 함께 사용할 수 있다.

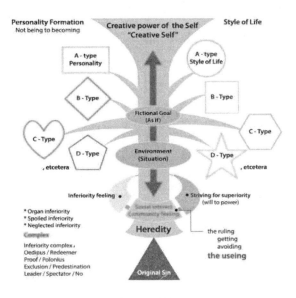

Psycology of Alfred Adler Dr. Sang In Kim (Ph.D)

필자는 Adler 심리학 전공자로서 본서의 제목인 융합상담심리학에 대한 기본 통찰을 Adler의 창조적 자아의 역동적인 역할에서 발견하게 되었다. 아들러는 창조적 자아로 인한 인간의 유전과 환경을 융합을 통한 성격형성과 삶의 스타일을 이끌어 감을 주장했다. 또한 인간이 가지는 사회적 관심과 열등감 극복, 우월에의 추구의 수행하는 정신역동을 위 그림에서 조명한 바와 같이 "창조적 자아"라고 본다.

2. 정신분석과 융합상담심리

정신분석의 인간이해는 인간의 발달이 유전 된 특성에 의해서가 아니라 유아기에 자주 잊혀지는 사건에 의해 결정된다는 것을 주장한다. 이는 인간의 행동과 인지가 무의식에 뿌리를 두고 있는 본능적인 행동에 의해 결정됨을 의미하는 것이다. 인간은 의식과 무의식적인 물질 사이의 갈등으로 신경증, 신경학적 특성, 불안, 우울과 같은 정신적 장애를 초래할 수 있다는 것이다. 이러한 현상을 인식으로 끌어 올리려는 시도로 방어기제가 작동하는데 특히 억압의 형태로 저항을 촉발한다.

정신분석의 창시자 프로이트(S. Freud, 1917))는 인간심리에 대한 결정론과 무의식이라는 기본적 두 가지 개념에 기초를 두고 있다. 인간행동은 비합리적인 힘, 무의식적 동기, 생물학적이고 본능적인 충동의 영향을 받는다. 인간행동을 결정하는 것은 환경의 외적 조건보다 오히려 개인의 심리 내적 조건이라는 것을 강조한다. 프로이트는 인간 개개인의 사고, 감정, 행동이 심리내적 원인에 결정되는 심리결정론을 말했다. 즉, 개인이 겪는 갈등은 각 개인의 내부에 존재하는 어떤 정신적 원인이 작용한 결과로 보는 것이다. 따라서 인간의 심리적 정신적 문제는 개인 내적 무의식의 문제를 해결할 때만 회복되고 치유된다는 것이다.

정신분석의 무의식은 생애 초기 6년 동안의 발달적 경험을 강조한다. 프로이트는 과거 어린 시절의 경험과 심리성적 에너지가 무의식적인 동기와 갈등으로 잠재되어 있다가 일생동안 개인의 현재 행동에 영향을 미친다고 주장했다. 즉, 인간행동은 생물학적인 욕구와 본능을 충족시키려고 하는 욕망에 의해 동기화되며 비합리적인 무의식의 지배를 받는다는 것을 의미하는 것이다.

프로이트는 인간의 정신영역을 의식(conscious), 전의식(pre-conscious), 무의식(unconscious)의 세 가지 의식수준으로 설명했다. 프로이트는 인간의 이성으로 의식할 수 없는 무의식이 인간의 정신세계의 대부분을 차지하며, 인간의 행동을 지배하고 행동방향을 결정한다고 주장했다. 따라서 정신분석은 인간의 무의식의 내용과 그 과정을 분석하는 것에 중점을 둔다. 프로이트는 인간의 심리 에너지를 원초아/본능(Id), 자아(ego), 초자아(superego)로 구분했다. 인간의 심리 에너지인 원초아, 자아, 초자아는 성격구조 안에서 매순간 서로 많은 에너지를 차지하기 위해 갈등적인 상황에 놓인다는 것이다. 이 성격구조의 심리적 에너지는 서로가 에너지의 특성에 따라 통제력을 확보하고 있는지에 따라 인간의 행동 및 성격특성이 결정된다.

프로이트는 인간의 성격이 구강기, 항문기, 남근기, 잠복기, 성기기라고 하는 5단계를 거치면서 발달해 나간다는 성욕설을 주장했다. 이 심리성적발달단계는 인간의 성격의 결정적인 영향을 주게 된다. 인간의 성격은 출생 이후 6세경까지의 유아기 동안의 경험을 토대로 기본 구조가 형성되며 그 후 정교화 과정을 거치면서 발달해 나간다. 정신분석의 목표는 증상의 의미, 행동의 원인, 그리고 적응을 방해하는 억압된 감정이나 충동을 규명하고 이를 자유롭게 표현할 수 있도록 촉진함으로써 무의식을 의식화시키는 데 있다. 프로이트는 1900년에 출판한 『The Interpretation of Dreams』에서 인간의 정신영역을 의식, 전의식, 무의식이라는 세 영역으로 구분하였다. 의식은 개인이 현재 각성하고 있는 모든 사고, 지각, 감정, 기억 등을 포함한다. 무의식은 의식으로써 의식하거나 판단 할 수 없는 영역으로 오직 꿈 분석/해석으로만 무의식을 이해할 수 있다고 주장했다. 전의식은 의식과 무의식 사이를 순간적으로 이해할 수 있는 그리 깊지 영역이다. 이와 같은 프로이트의 정신분석은 이드 심리학(id psychology), 자아심리학(ego psychology), 대상관계이론(object relations

theory), 자기심리학(self psychology) 등으로 그 이론이 확대
되거나 수정되었다.

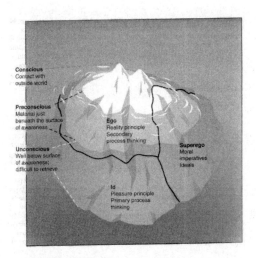

원초아/본능(Id), 자아(ego), 초자아(superego)

Id/Es = pleasure principle, true psychic reality
Ego = Reality principle
Superego = Parent, Do or Do not

Libido: (Id/Es)의 특징

1. 전진만 한다.
2. 도덕적인 눈이 없다.
3. 타협하려 하지 않는다.
 - 깊어서 어둡고 혼돈스러워 성질파악이 어려운 자리이다.
 - 조직과 논리적 사고법칙이 통용되지 않는 자리이다.
 - 공간과 시간의 개념이 없는 자리이다.
 - 쾌락의 원칙에 충실한 자리이다.
 - 가치 판단과 무관한 자리이다.
 - 경제적 원리에 충실하면서 에너지를 방출하는 자리이다.
4. 무의식은 무의식을 지탱하는 특징이 있다.
5. 무의식은 불쾌와 고통을 피하고, 도덕과 양심 등에 얽매이지 않으며, 쾌락을 추구한다.
6. 의식이 현실적으로 생각하고 외부로부터 자극을 끊임없이 받아 드린다면, 무의식은 자신이 원하는 대로 추구 하고 실행 하려는 쾌락 원리(pleasure principal)에 의해 지배된다.
7. 인간의 쾌락은 먹고 싶은 욕구나 성욕, 지나가는 사람을 때리고 싶은 폭력적인 행동, 유아적인 쾌락, 본능적인 쾌락은

무의식 속에 남아 있기도 하지만, 전의식을 거쳐 의식으로 나가려고 하는 성향이 강하다.

8. 무의식은 일차적인 본능적 욕구로 어린아이들의 특징으로 배가 고프면 주변 사람들이나 어떠한 상황에도 상관없이 음식을 집어 먹거나, 잠이 오면 자고, 원하는 사람이나 물건이 있으면 가지려고 하는 것으로 생존을 유지, 즐거움, 만족 충족, 자아유지 차원에서의 원초적인 욕구라고 할 수 있다.

9. 무의식은 사회적으로 지탄에 대상이 되는 성향과 욕망과 상상들이 포함된다. 즉, 폭행행동, 근친을 사랑하는 마음이나 특이한 버릇, 비정상적인 성적욕구 등이다.

10. 무의식은 또한 어린 시절에 사건으로 이미 스스로는 기억 속에서는 지워 버린 어린 시절에 겪었던 추억이나 경험, 또는 trauma, complex도 무의식 속에서 보이지는 않지만 항상 존재한다.

이와 같이 무의식은 타인과 마찰 없이 살아가기 위해서는 참아야만 하고 현실에서는 용납되지 않는 정신적 에너지들이 항상 꿈틀대는 정신이다. 무의식이 원하는 생각이나 행동을 전의식을 통해서 의식으로 보내려고 한다. 그리고 보내진 내용들이 전의식에서 까다로운 검사를 통과해 조금 변형된 사회적인 모습으로 의식에 도달하면서 정신작용이 일어나기 때문에 무의식이 특히 역동적일 수밖에 없다. 나아가 무의식에서 원하는 바를 전달하려는 욕구나 과정이 없다면 의식 활동/정신 활동이 활발하고 지속적으로 일어나지 않기 때문에, 무의식은 정신구조의 에너지원이며, 인간의 모든 표현과 활동의 근원이라는 것이 프로이트의 주장이다.

중요한 것은 인간은 스스로 무의식에 접근할 수는 없는 점이다. 그 이유는 무의식 속에 방어기제가 있기 때문이라는 것이다. 무의식 안에 자리 잡고 있는 인간의 방어기제는 무의식 속에 있는 쾌락원리 추구를 볼 수 없어도 숨기는 역할을 한다. 이 본능적인 방어기제의 작용은 인간의 정신활동 중 하나인데도 불구하고 통제할 수 없다는 점이다. 따라서 프로이트는 이 방어기제를 걷어내기 위해, 무의식을 건강하게 의식화하기 위해, 즉, 인간의 문제를 해결하기 위한 유일한 방법으로 꿈 분석을 주장하였다.

인간의 정신과 의식은 계몽주의의 지배로 합리적인 덕목으로 여겨졌다. 그러나 프로이트의 무의식이 공개적으로 개념화 되면서 정신과 의식의 개념과 무의식의 갈등구조가 형성되었다. 이는 사람을 정신과 육체로 나누어서 육체는 부정적인 의미로, 정신과 의식이 육체를 다스려야 한다고 주장과 대립되는 되는 것이다. 다시 말해서, 육체를 비이성적이고 판단 능력이 부족한 치료 대상으로 본 것이다. 당시는 더 나아가 정신과 의식은 하나이며, 사람이 깨어 있고 바른 삶을 살아가기 위해서는 교육 받은 의식에 따라서 행동하고 육체의 본능적인 욕구나 불건전한 면을 통제해야 한다고 했던 시대였다. 그러나 프로이트는 정신과 의식이 항상 같은 것은 아니며, 무의식이라는 부분이 존재한다고 주장했다. 이 주장은 그 당시 엄청난 파장을 낳았다.

프로이트의 무의식 주장은 인간을 육체와 정신이라는 이분법적인 기준으로 나누어서 생각하던 그 시대 심리철학적인 사고에 정반대되는 이론이다. 프로이트는 인간의 정신이 곧 의식인 것이 아니라, 의식과 전의식, 무의식이 각각 정신의 부분들로 구성하고 있다고 주장했다. 따라서 이러한 프로이트의 획기적인 주장은 정신에 지배를 받아야만 하는 육체가 또 하나의 정신세계로 탐구 되었으며 신성시되던 정신이 '무의식'이라는 영역에 들어가서 새롭게 분석해야 하는 정신세계로 부각되었다.

융합상담심리는 프로이트의 이와 같은 이분론적 인간이해를 수용하지 않는다. 융합상담심리는 인간의 정신과 육체, 정신과 의식, 쾌락과 욕구, 이드(id), 자아(ego), 초자아(superego)

가 독립적이지 않고 상호융합 되어 서로 협력한다는 것과 협력할 때만이 인간의 문제를 돕고 행복을 추구하게 되는 것을 주장한다.

1) 무의식, 전의식, 의식

프로이트의 무의식의 개념은 인간의 정신을 의식과 육체에서 무의식(unconsciousness), 전의식(preconsciousness), 의식(consciousness)의 개념으로 변화를 주었다. 프로이트는 의식과 함께 무의식이 정신의 주요한 부분이라고 강조했다. 프로이트에게 있어서 무의식은 인간의 정신활동에 중요한 정신 에너지원이다. 이 에너지원은 무의식에서 나와서 의식에까지 영향을 미치며, 의식 활동은 무의식에 기반 한다고 보았다. 그러나 무의식은 의식에 비해서 그 내용이 정확하게 파악되기 힘들고, 인간이 인식하지 못하지만 실제로 원하거나 추구하는 내용을 담고 있다는 것이다.

의식은 몸의 감각기관을 통해서 현재 인식되고 지각되는 모든 대상을 포함하고 있다. 이 정신구조는 무의식과 달리 표면으로 나와 있어 실제 겉으로 표현되는 내용이다. 의식은 외부에서 오는 자극과 상황을 판단하고, 감각 기관을 통해 새로운 내용에 적응하고 인지하면서 경험을 축척하게 된다.

전의식은 과거에 인식되었던 기억이나 경험들에 대해서 현재/지금은 잘 의식되지 않지만 정신을 집중하고 노력하면 곧 떠올릴 수 있는 내용들을 포함이다. 이러한 측면에서 전의식은 의식과 무의식의 사이에 존재하면서 두 정신세계를 완충하는 정신이라고 할 수 있다. 또한 전의식은 무의식이 의식으로 올려 보내려는 내용들을 포장하는 역할을 한다.

결과적으로 인간의 무의식이 정비되지 않은 욕망들이 의식으로 곧바로 표현되면 혼란이 생기고, 인간의 행동이 비정상적으로 나타날 가능성이 높다. 따라서 전의식이 그 사이에서 중재를 한다는 것이다. 즉, 무의식과 의식이 서로에게 도달하려면 반드시 전의식 부분을 거쳐야 한다. 이는 무의식에서 가끔 일어나는 강한 욕망이나 사회와 어울리지 않는 행동을 하고 싶은 충동들을 전위나 압축 등의 과정을 통해 다듬고 바꿔서 보낼 수 있다는 것이다(Freud, 1900).

Freud는 상처로 인하여 더 이상 떠올리고 싶지 않거나 지우고 싶은 trauma와 complex와 같은 것을 의식영역에서 무의식 영역으로 한번 밀어내면, 의식으로 다시 가지고 올 수 없음을 주장했다. 의식은 지극히 현실적인 부분이고, 외부의 자극이나 상황에 반응한다. 따라서 의식은 현실과 동떨어져 있는 무의식과는 교류가 전혀 없다는 것이다. 다만 무의식은 전의식과 약간의 연결점을 갖고 있다는 것이다.

전의식은 무의식의 영역에 자유롭게 드나들 수는 없지만, 무의식의 내용들이 전의식을 통해서 가꾸어지고 무의식이 아닌 것처럼 변형되기 때문에 두 영역 사이에도 접점이 있다고 본다. 의식과 무의식은 상반되어 상호 교류는 없다. 그러나 전의식은 의식과 무의식 둘 사이의 관계를 이어 주고 서로 부딪혀서 큰 혼란이나 정신적 파괴가 오지 않도록 하는 역할 관계를 맺고 있다는 것이 프로이트의 입장이다.

정신분석은 그 당시 제자들과 동료였던 Alfred Alder, 그리고 현재학자들의 비판을 받고 있는 것이 사실이다. 프로이트의 정신분석이 '충동'과 '성적욕구'에 기반을 하고 있다는 데 지속해서 의문과 비판을 제기한다. 그런가하면, 신경증과 같은 정신질환 치료가 무의식을 강압적/강박적 방법에 의해 마주하게 될 때에 치료된다는 것도 또한 비판받기도 한다.

전의식은 의식과 무의식과 달리 이용 가능한 기억(available memory)이라고 한다. 전의식은 현재 의식수준에 놓여 있지는 않지만 초자아의 검열기능이 약화되면 즉시 의식수준으로 떠올릴 수 있는 내용들을 담고 있다. 따라서 전의식의 내용은 억압된 것이 아니라 단지 억제되어 있거나 잠시 기억에서 사라져 있는 것들이라고 할 수 있다. 전의식은 일상생활 경험 중에서 중요하지 않거나 주의를 기울일 필요가 없는 부분들의 저장(keeping) 장소이다. 예를 들어, "점심식사는 무엇을 드셨나요?"라고 질문을 받았을 때, 질문받기 전까지는 점심식사의 내용이 의식에 들어 있지 않았지만 질문을 받는 순간 전의식에 있던 내용이 의식으로 떠오르는 원리와 같다. 또한 전의식은 외부세계로부터 들어온 지각경험들도 저장한다. 전의식은 일상적으로 익숙한 기술을 담고 있다. 예를 들어, 자동차 운전자과 라디오를 듣기, 돌발적인 상황에서 신호등 지키는 행동, 끼어들기 차량에 대한 방어운전 등을 의미한다. 이와 같은 일상적인 행동과 활동은 전의식의 조절기능 하에 있다는 것이 프로이트의 설명이다.

　　전의식가 무의식은 서술적 무의식(descriptive unconscious)이라고도 한다. 전의식은 의식에서 포착되지 않는다는 점에서 현상학적으로 무의식으로 간주된다. 서술적 무의식이라는 개념은 역동적 무의식(dynamic unconscious), 즉 일반적으로 무의식이라고 부르는 것과 구분하기 위해 사용된다. 다시 말해, 역동적 무의식은 비합리적이고 의식표면에 떠오르기 힘들지만 서술적 무의식은 합리적이며 의식에 쉽게 떠오른다. 서술적 무의식도 역동적 무의식처럼 의식에 노출되어 있지는 않지만 작용방식은 의식과 유사하다. 전의식의 작용형태는 무의식보다는 의식수준에 더 가까우며 이차과정(secondary process) 즉, 현실원리에 따라 작동된다. 전의식은 무의식처럼 의식영역 밖에 존재하기는 하지만, 의식처럼 합리적 사고의 영역에 속한다. 검열기능과 억압의 장벽역할을 해서 무의식의 표상들이 무의식 안에 머무르는 데 필요한 에너지를 제공한다는 점에서 무의식과 구별된다. 전의식 기능의 작동방식은 이차과정과 현실원리가 지배적이라는 점에서는 무의식의 작동방식과 다르다.

정신분석치료에서 전의식은 매우 중요한 역할을 한다. 무의식의 내용은 정신분석 기법에 의해 전의식으로 떠오르고 그다음 다시 의식영역으로 들어갈 수 있다. 전의식은 무의식과 의식영역을 연결해 준다. 전의식은 사물표상과 언어표상의 중간 영역이며 일차과정과 이차과정의 중간 지역이다. 따라서 정신분석치료자의 의한 해석내용은 정서적으로 동화되는 훈습(working through) 과정은 무의식적인 내용이 전의식 속으로 동화되는 과정을 의미한다. 이 과정에서 영속성(permanence)은 전의식의 기능이 지속적이고 안정되게 기능한다는 의미다. 따라서 전의식에 존재하는 이러한 유동성과 영속성은 정신분석의 가능성을 측정하는 중요한 기준이 된다. 전의식의 건강한 조직화는 건강한 심리기능을 의미한다.

2) 융합상담심리 논의

융합상담심리는 정신분석에 주장하는 무의식과 전의식과 의식의 연결고리를 인정한다. 그러나 프로이트가 주장하는 무의식만이 정신에너지의 근원으로 가장 중요하고, 무의식을 통한 의식의 활동과 무의식과 의식과 사이에 가교(架橋/link -bridge)역할로써의 전의식 활동에는 동의하지 않는다. 또한 프로이트가 주장하는 이드(id), 자아(ego), 초자아(superego)에 대한 특징의 구분된 설명은 인정한다. 그러나 프로이트가 주장한 바와 같이 이드의 충족으로 위한 자아의 역할, 이차괴정(secondary process), 즉 현실원리 눈치와 본능(id)의 욕구의 만족을 달래기 위한 자아의 역할에 동의하지 않는다. 또한 초자아의 영향을 필터링 없이 받아들이는 자아의 무능력감과 부모의 양육태도가 절대적으로 본능의 축적 된다는 주장에 대해는 동의하지 않는다.

융합상담심리를 주장하는 필자는 인간의 정신을 무의식-전의식-의식의 단계적인 이해를 거부한다. 프로이트가 주장하는 인간의

정신은 단계적이기보다는 톱니바퀴처럼 서로 맞물려 있어서 각자
의 역할을 하고 있다고 본다. 다시 말해서 어느 정신이 더 중요하
고 덜 중요한 것이 아니라 서로 상호융합 해야 한다는 것이다. 프
로이트가 극단적으로 주장한 바와 같이 무의식이 표현되지 않으면
의식 활동이 될 수 없다는 없다면, 반대로 의식이 그 역할을 하지
않는다면, 무의식이 아무리 많은 것을 표현한다고 해도 밖으로 나
올 수 없기 때문이다. 그러한 측면에서 프로이트가 주장하는 전의
식의 역할 또한 소중한 정신 활동 에너지 일 것이다. 다시 말해서
융합상담심리 관점에서 정신분석은 어느 정신이 더 중요하고 중요
치 않는 경중의 논리가 아니라 서로의 역할을 건강하게 상호작용
하는 융합정신 에너지를 지향한다. 즉, 융합정신 에너지의 개념은
무의식과 전의식과 의식이 서로 융합할 때에 건강한 정신과 정서
와 행동을 하게 된다는 의미이다.

　융합상담심리는 프로이트가 설명하고 있는 본능/원초아, 자아,
초자아 역시 경중의 문제가 아니라 서로의 공존을 유지하기 위한
융합적인 것이 되어야 한다고 생각한다. 즉, 자아는 현실의 눈치를
살피고 타협하여 본능을 달래는 것이 아니라 자아의 만족/행복을
유지하기 위한 행위이자 활동이 되어야 한다. 또한 초자아 즉, 부
모의 양육태도를 무기력하게 수용하는 자아가 아니라 자아의 균형
을 위해 초자아에 대해 갈등하고 저항하면서 선택하는 것이라고

생각한다. 그리고 본능은 자아를 힘들게 하는 것이 아니라 자아의
만족을 위해 본능을 표현하는 것이라고 본다. 본능이 만족을 하지
못하면 자아가 행복하지도 평안하지도 않기 때문이다. 필자는 이와
같이 톱니바퀴처럼 서로 맞물려 있어서 융합적으로 상호작용할 때
만이 인간의 정신과 신체와 영혼이 전인적으로 건강한 인성을 유
지할 수 있다고 생각한다.

3. 분석심리학과 융합상담심리

1) 분석심리학

분석심리의 정신치료는 칼 융(Carl Gustav Jung)의 이론에 근거하고 있다. 분석심리학의 정신의 전일성/전체성은 다른 말로 표현하면 심성 혹은 인간의 본성을 의미한다. 인간의 심성/본성은 항상 전체로서 드러난다. 따라서 인간의 본성/전체성의 이해는 분석 심리학적 정신치료에 관한 이해를 위해서 철학적 사색이나 명상적 태도가 필요하다.

분석심리학의 인간 이해의 본질은 정신의 전체성에 있다. 정신의 전체성은 Jung에게는 모든 생물학적, 정신적 일어남의 고유한 원동력으로 나타난다. Jung은 이 신비한 전체성을 '자기'의 개념으로 파악하고 있다. 따라서 분석심리학에서 인간의 본질에 관한 질문은 '자기'에 대한 질문이 된다. Jung의 '자기'는 자아와 구별했다. 자아가 일상의 나, 경험적 나라면, 자기는 본래적 나 선험적 나이다. 그러므로 자아와 자기의 관계는 주객관계로 본다면 객체와 주체의 관계이다. 말하자면 자아가 주체가 되는 것이 아니라 자기가 주체가 되는 것이다. 모든 원형은 중심원형이 자기원형과 관계하고 그것에로 귀일하기 때문에 자기

원형 혹은 자기로 대표된다. 원형의 작용은 원형의 초월기능의
작용으로서, 이는 의식적 자아의 분별성을 지양하여 정신의 전
체성인 '자기' 이다.

프로이트는 인간의 개인 무의식을 주장했다면, 융은 집단 무
의식을 설명하였다. 개인 무의식은 한 개인이 이 세상에 태어나
서 자라는 동안 겪은 개인생활에서의 체험내용 가운데 무슨 이
유에서든 잊어버린 것, 현실세계의 도덕관이나 가치관 때문에
받아드릴 수 없어 억압된 것을 의미한다. 집단무의식은 개인적
특성과는 관계없이 사람이면 누구에게서나 발견되는 태어날 때
이미 가지고 나오는 무의식의 모든 원형은 자기원형과 관계하
고 결국 거기에로 귀일하기 때문에 자기원형으로 대표된다. 자
기란 의식과 무의식을 통튼 하나인 전체를 말하고 자기원형은
인간으로 하여금 스스로 전체로서 살 것을 요구하는 기능을 말
한다. 그 기능은 자기 원형의 보상기능과 초월기능으로 나타난
다는 것이다. 분석심리학의 인간의 본질은 정신의 전체성/전일
성에 있고, 그것은 자기의 개념으로 파악하고 있다. 자기는 자
기원형으로서 정신의 전체성을 이루는 보상기능과 초월기능을
갖고 있고 자기의 본성은 절대지나 절대의식성을 특징으로 하
고 있다.

자기원형의 보상기능은 의식에 대한 무의식의 기능적 보상관

계로 파악하고 있다. 의식의 활동은 선택적이고, 이 선택은 하나의 방향을 필요로 한다. 그러나 그 방향은 거기에 속하지 않는 모든 것을 배제하게 되고, 이로 인해 불가피하게 의식 일방성이 생겨나게 된다. 의식으로부터 배제된 모든 것은 무의식으로 억압되고 의식과의 긴장상태를 이룬다. 의식적 태도의 일방성이 크면 클수록 의식은 무의식과 보다 대극적이 된다. 이때 무의식은 그 대극을 지양하여 정신의 전체성을 이루려고 한다. 그것이 자기원형의 보상기능이다.

자기원형의 초월기능은 의식과 무의식의 합일이 일어나고 또한 의식과 무의식의 합일로부터 초월기능이 일어난다. 원형의 초월기능은 의식과 무의식이라는 대극이 합일이다. 대극의 합일은 상징형성으로 나타난다. 집단무의식의 내용을 이루는 원형은 상징발생의 결정적 요인이다. 상징이란 어원상 두 개의 다른 것이 합쳐져 원래의 하나로 되는 것을 가리킨다. 융의 상징개념은 이런 상징의 어원과 일치한다. 상징은 정신의 전일성의 표현이다. 분석심리학은 모든 정신현상을 상징으로 본다. 그러나 융은 상징적 정신현상과 관련하여 "어떤 것이 상징이냐 아니냐 하는 것은 우선 관찰자의 의식태도에 달려 있다. 예를 든다면, 주어진 사실을 단순한 사실로 보느냐 아니면 미지의 어떤 것의 표현으로 보느냐에 달려 있다. 그러므로 어떤 사람은 한 사실을 전혀 상징적으로 보지 않는 반면에 다른 사람에게는 그 반대일 수 있다."고 하였다.

Jung이 상징적 세계관에 관심을 갖는 것은 바로 그것이 치유와 연결되기 때문이다. Jung의 상징적 세계관은 상징적 이해를 가능케 한다. 지적 이해를 통해서는 기껏해야 사회적 적응의 개선이 있을 뿐이지만 상징적 이해는 인격의 변화를 가져오고, 그 인격의 변환은 진정한 의미의 치유를 가져온다.

인간의 성장단계

Jung은 인간의 성장을 자아강화 단계와 자기실현/성장으로 구분하였다. 자아강화는 출생 후 시간이 지남에 따라 자아가 생성, 발달하고 태도유형과 의식기능이 분화가 일어나고 페르소나(persona)가 생긴다. Jung은 인간의 태도유형을 내향적 태도와 외향적 태도로 구별했다. 이 구별은 그 개인의 주체와 객체에 대한 태도여하에 따라 이루어진다. 주체보다 객체를 중시하면 외향적, 객체보다 주체를 중시하면 내향적 태도를 취한다고 할 수 있다. 이태도 유형은 후천적 경향이기보다는 생래적인 경향이다.

의식기능은 사고, 감정, 감각, 직관의 네 가지 기능으로 분류

된다. 태도유형과는 달리 후천적 경향으로, 이는 사회적응을 해가는 과정에서 불가피하게 네 기능 중 어느 하나가 우월하게 발달하게 되고 다른 기능은 상대적으로 열등하게 무의식에 남게 된다. 태도유형과 공존하여 유형상 여덟 가지 유형으로 나타나고 이 여덟 가지 인격유형은 어디까지나 상대적 성격을 띤 것으로 그들 간에는 수많은 혼합형태가 있음을 경험하게 된다. 이것이 바로 MBTI 성격검사 유형의 기초이다.

페르소나의 발달은 외계와의 관계를 위해 필수불가결하다. 만약 이 시기에 페르소나가 발달되지 않는다면 마치 보호하는 얼굴을 갖고 있지 않아 어린애처럼 주위환경의 기분이나 분위기에 희생된다. 이러한 과정을 통해 자아는 강화되어 간다. 그 결과 그에 상응하는 자아의 그림자 생긴다. 자아의 그림자란 자아의 의식적 일방성으로 인해 무의식 내로 밀려난 자신의 대극 즉 개인 그림자로서 의식의 열등기능도 포함된다. 인생의 전반기에서는 개인 그림자는 대인관계에 있어서 긍정적으로 작용하는 경우가 많다.

자기실현/자기강화는 인생의 후반기의 개성화는 인생의 전반기에 달성한 자아강화를 바탕으로 무의식의 내용을 의식화하고 이해함으로써 자아가 자기에 접근해 가는 과정 즉 자아가 자기에로 변환하는 과정이라고 할 수 있다. 분석심리학적 인간관에서 자아와 자기의 관계는 객체와 주체의 관계이다. 말하자면 자아가 주체가 되는 것이 아니라 자기가 주체가 되는 것이다. 이는 인생의 전반기에서는 자아가 주체였던 것과는 대조를 이룬다. 인생의 전반기에서는 자아는 자기를 의식하지 못한 채 자신이 주체인 양 생각하고 외계와의 관계를 맺고 적응하여 자아강화를 해 온 것이다. 그러나 인생의 후반기에서는 자기의 존재를 인식하고 자기가 자신의 주체임을 깨닫는 것이 중요하다. 객체로서의 자아가 주체인 자기와 관계를 이루고 자기의 작용을 체험할 수 있기 위해서는 우선 자신의 내면세계 즉 무의식에로의 관심과 그 소리를 진지하게 믿고 이해하는 소위 종교적 태도가 필요하다.

개인 그림자(Shadow)는 자아의 무의식적 측면으로 자아의 일방적 태도로 인해 생겨난 것이다. 미숙하고 열등하고 미분화된 성질을 나타내나 긍정적인 것일 수도 부적적인 것일 수도 있다. 개인그림자의 존재는 다른 사람들에 투사되어 나타나기 때문에 그것을 잘 관찰하면 쉽게 인식할 수 있다. 개인그림자뿐만 아니라 집단 그림자(Collection Shadow)의 자각도 중요하다. 집단그림자에 대한 자각과 해결이 없이는 그 개인은 집단그림자의 집단 암시성으로부터 벗어날 수 없게 된다. 페르소나는 집단정신의 한 단면으로서 인생의 전반기에서는 자아가 페르소나와 동일시함으로써 자아의 힘이 강화되어 사회적응에 도움이 되었으나 후반기에서는 자아와 페르소나와의 분리가 일어나야 한다. 이런 분리를 통해 자신의 개성과 페르소나가 다른 것임을 깨닫고 내면세계에로 시선을 돌리게 된다. 페르소나가 외계와 자아 간을 관계 짓는 관계기능이라면, 내계 즉 무의식과 자아가 능을 관계 짓는 관계기능은 심령원형인 아니마와 아니무스이다. 그러므로 인생의 후반기 개성화의 주된 관심은 아니마와 아니무스에 있다.

Jung은 남성의 무의식 속에 원초적으로 부여된 여성적 특성을 아니마(Anima), 여성의 무의식 속에 있는 남성적 특성을 아니무스(Animus)라고 불렀다. 남성은 생각, 여성은 감정을 특징으로 하기 때문에 아니마는 감정이나 기분으로 나타나고 아니무스는 생각이나 의견으로 나타난다. 자신의 미숙한 아니마와 아니무스의 성질을 의식하고 이해해 가는 것이 개성화 작업의 중요한 한 부분이 된다. 아니마와 아니무스의 분화가 일어난 후에는 새로운 원형상이 나타난다. 융은 이러한 원형상을 마나인격이라고 부르고 있다. 마나 인격을 구성하고 있는 내용의 의식화는 남자는 아버지로부터, 여자는 어머니로부터 제2의 진정한 해방을 의미하고, 이로써 비로소 자신의 일회적인 개성을 느끼게 된다. 이러한 자기실현의 과정을 통해 비로소 그 개인은 최대로 자유롭고 책임성 있는 결정으로 사회에 성공적으로 적응할 수 있고 그 사회는 번영할 수 있다고 Jung은 주장했다.

Jung의 개성화 과정은 개인 무의식의 내용인 개인 그림자를 의식화하는 것은 자아의식이고, 그런 의식화는 정신분석에서처럼 억압된 생각이나 감정을 의식화하는 것인데 반해 집단무의식의 내용인 원형을 의식화하는 것은 자기의식이다. 여기서 이해하기 어려운 것은 원형의 자기의식화이다. 개성화는 자연스런 방식으로 진행될 수도 있고 분석을 통해 이루어질 수도 있다. 개성화는 의식과 무의식을 통합하는 과정을 통해 자기실현의 성취로 정의 될 수 있다 .

Jung의 개성화 과정은 심리적 완결로서 경험된 개별적인 전체 성취의 자율적인 과정이다. 개성화는 의식과 무의식의 결합인 자아의 실현을 의미 한다. 개성화의 첫 번째 과정은 그림자의 동화이다. 그림자는 자신의 성격의 일부로 인정한다는 것을 의미한다. 그림자는 우리의 관점에서 중요한 행동 특징을 제시하는 친한 친구(친척, 직장 동료)의 형태로 꿈에 나타날 수 있다. 예를 들어, 술을 먹고 하는 말과 불신이 있는 사람에 대한 무의식적 태도 등이다.

두 번째 단계는 Anima와 Animus와의 대결이다. Anima는 남자의 여성성이며 일반적으로 그의 정서적 측면을 말하고 있습니다. 아나마 원형(Anima archetype)은 어머니와 아들의 관계에서 결혼에 이르기까지 다양한 단계의 남녀 간의 관계를 제어한다. 그 Animus는 남자의 에로스를 깨우는 여자로부터 영적 가이드 또는 최고 여신 (Isis, 이집트인, 그리스도인을 위한 성모 마리아)에 이르기까지 다양한 경험을 상징 할 수 있다.

세 번째 단계는 현명한 노인의 원형과의 만남이다. 이 이미지는 우리의 타고난 지혜, 의미, 중요성을 포용한다. 그것은 영이거나 영적이다(지성과 혼동해서는 안 된다.). 지혜로운 사람은 자아에 의해 완전히 알려지지 않은 뚜렷한 사고, 보편적이고 영원한 지혜를 상징한다. 개성화 과정의 끝은 만다라(Mandala)의 비전을 통해 전달 될 수 있다. 만다라는 자아의 계획을 이끌어내는 다이어그램이다. 이러한 만다라는 우리 각자의 정신적 맥락에서 이해되고 통합되어야하는 자발적이고 개인적인 시각이다.

2) 융합상담심리 논의

융합상담심리는 프로이트의 개인 무의식보다 한 층 더 큰 영역을 의미하는 집단 무의식의 개념과 개성화 과정의 자기

찾기, 들여다보기, 자기실현에 대해 동의 한다. 융합상담심리에 집중하는 것은 Jung의 개성화 과정이다. 융합상담심리는 Jung이 설명하고 있는 개성화 과정의 융합이 필요성을 있다고 본다. 개성화와의 융합은 자아강화를 통해 자기를 찾는 과정에서의 페르소나와의 융합, 그림자와의 융합, 아나미와의 융합, 아니무스와의 융합, 원형과의 융합을 의미한다. 필자는 개성화 과정에서 페르소나, 그림자, 아나마, 아니무스, 원형이 서로 톱니바퀴처럼 돌아가는 융합이다. Jung이 주장하는 원형의 개념들이 서로에서 균형을 주기 위해 진정한 자기를 찾아가 가기 위해 융합이 필요하다.

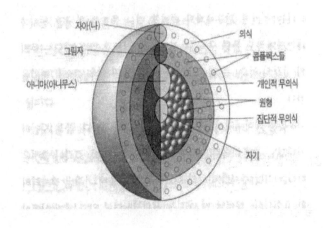

4. 인지심리학과 융합상담심리

1) 인지심리학

인지심리학은 관심, 언어사용, 기억, 지각, 문제 해결, 창의력 및 사고와 같은 정신 과정을 연구한다. 인지심리학은 현대적인 분야에 통합된 것으로 교육심리학, 사회심리학, 성격심리학, 이상심리학, 발달심리학, 그리고 경제 등에서 주목을 받는 심리학이다. 철학적으로 인간 마음과 그 과정에 대한 반추는 고대 그리스 시대부터 있었다. 기원전 387년, 플라톤은 뇌가 정신적 과정의 자리라고 제안하였다(Mangels, J., 2014). 1637년에 René Descartes는 인간이 선천적인 아이디어를 가지고 태어났다는 것을 가정하고, 본질적으로 마음과 몸이 두 개의 분리된 물질이라는 이원론적인 생각을 가지고 있었다(Malone, J.C. 2009). 심리학적인 철학적 논쟁이 계속됨에 따라 19세기 중후반은 과학 분야로 심리학이 발전하는 중요한 시기였다.

인지적 접근법은 1950년대 후반과 1960년대 초반 심리학에 혁명을 일으키기 시작하여 1970년대 후반까지 심리학에서 지배적인 접근법(즉, 관점)이 되었다. Piaget과 Tolman의 작업을 통해 정신적 과정에 대한 관심이 점차 회복되었다. 톨만은 '부드러운 행동주의자'였다. 그의 책『동물과 인간의 목적 행동』은 1932년에 행동주의가 설명하기 어려운 연구를 했다. 행동주의자들의 견해는 자극과 반응 사이의 연관 때문에 학습이 일어났다는 것이다. 그러나 Tolman은 학습은 자극 사이에 형성된 관계에 기반 한다고 제안했다. 그는 이러한 관계를 "인지지도"라고 불렀다. 그러나 인지심리학에 인간 마음을 조사하는 데 필요한 용어와 은유를 주는 것은 컴퓨터의 등장이었다. 컴퓨터 사용의 시작은 심리학자가 컴퓨터와 같은 인공 시스템과 같은 더 단순하고 잘 이해된 것과 인간의 마음을 비교함으로써 인간인지의 복잡성을 이해하려고 시도하도록 허용했다. 인간의 마음이 정보를 다루는 방법을 생각하기 위한 도구로 컴퓨터를 사용하는 것을 컴퓨터 유추라고 한다. 기본적으로 컴퓨터는 정보를 코드화(즉, 변경)하고 정보를 저장하며 정보를 사용하고 출력을 생성한다.

현대 인지심리학은 심리과학 분야에서 주목할 만한 일련의 신기술을 통합한다. 인간인식에 대한 질문은 Aristotle의 'De Memoria'(Hothersall, 1984)로 거슬러 올라갈 수 있지만, 인지심리학의 지적 기원은 1800년대 말과 1900년대 말의 정신적 문제에 대한 인지적 접근으로 시작되었다(Wundt, Cattell, William James Boring, 1950). 인지심리학은 20세기 상반기에 내부 정신 과정에 의존하지 않고 객관적이고 관찰 가능한 자극 조건에 관련시키는 연구(행동주의)의 증가와 함께 감소했다 (Watson, 1913; Boring, 1950; Skinner, 1950). 예를 들어, 내적 정신 과정에 대한 이해 부족은 기억과 수행을 구별하지 못하게 하고, 복잡한 학습을 설명하지 못하게 했다(Tinklepaugh, 1950, 1928, Chomsky, 1959). 이러한 문제는 행동주의가 과학 심리학의 '인지 혁명'을 쇠퇴하게 하였다.

인지혁명은 1950년대 중반, 여러 분야의 연구자들이 복잡한 표상과 계산절차에 기반 한 마음이론을 개발하기 시작한 때부터 시작되었다(Miller, 1956, Broadbent, 1958, Chomsky, 1959, Newell, Shaw, & Simon, 1958). 인지심리는 1960년대에 우세해졌다(Tulving, 1962; Sperling, 1960). 인지심리학의 부활은 Ulric Neisser의 책 Cognitive Psychology의 출판으로 1967년에 가장 널리 일어났다. 1970년 이래로 북미와 유럽의 60개 이상의 대학교에서 인지심리 프로그램을 가르쳤다.

인지심리학은 다방면에서 접근을 하고 있다. 즉, 지각, 정보처리, 정신, 사고, 정서와 행위, 지능, 언어, 창의성, 이해, 판단, 결정, 기억 등 매우 다양한 연구영역을 가진다. 인지심리학에는 연결망 모델이 있다. 이는 두뇌신경자극들이 모여서 어떤 정보 처리방식을 보여 주는지를 설명하고자 하는 것이다. 우리 뇌에는 약 1014 정도의 연결이 존재하고, 하나의 뇌신경은 약 1만 개 정도의 다른 뇌신경과 연결되어 있다. 여기서 겨우 250만 개의 신경섬유가 뇌 속으로 들어가고 150만 개 정도가 나온다. 그 때문에 우리 뇌는 서로 정보를 주고받느라 항상 분주할 수밖에 없고, 어떤 인식이 이루어지기 위해서는 '접속(connection)'을 통한 맥락적 범주(contextual categories)가 형성된다(dictionary of cognitive psychology, 2016).

사람들이 정보를 생각하고 처리하는 방법에 대해 더 많이 알게 되면 연구자가 인간의 두뇌가 어떻게 작동하는지 더 깊이 이해할 수 있을 뿐만 아니라 심리학자가 심리적 어려움을 다루는 새로운 방법을 개발할 수 있다. 예를 들어, 관심이 선택적이고 한정된 자원이라는 것을 인식함으로써, 심리학자들은 주의력 장애를 가진 사람들이 자신의 집중력을 향상시킬 수 있는 솔루션을 쉽게 찾을 수 있다. 인지심리학의 발견은 사람들이 기억을 형성하고 저장하고 기억하는 방법에 대한 우리의 이해를 향상시켰을 뿐만 아니라 창의적 사고에 도움을 주었다.

행동주의자들은 내면의 정신 과정을 관찰하고 객관적으로 측정할 수 없으므로 정신을 연구한다는 생각을 거부했다. 그러나 인지심리학자는 유기체의 정신적 과정과 이러한 행동에 미치는 영향을 보는 것이 필수적이라고 생각한다. 행동주의에 의해 제안된 간단한 자극-반응 링크 대신에, 생물체의 매개 과정을 이해하는 것이 중요하다. 이러한 이해가 없으면 심리학자들은 행동에 대한 완전한 이해를 가질 수 없다. 심리학은 과학으로 간주되어야 한다. 인지심리학자들은 행동을 조사하기 위한 객관적이고 통제된 과학적 방법을 선호하는 행동주의자들의 모범을 따른다. 그들은 정신적 과정에 대한 추론을 하기 위한 근거로, 조사 결과를 사용한다. 인간은 정보 처리자이다.

인간의 정보 처리는 컴퓨터의 정보 처리와 유사하며, 정보 변환, 정보 저장 및 메모리에서 정보 검색을 기반으로 한다. 기억과 관심과 같은 인지 과정의 정보 처리 모델은 정신 과정이 명확한 순서를 따른다고 가정한다. 입력 과정은 자극 분석과 관련이 있다. 저장 과정은 뇌에서 내부적으로 일어나는 모든 것을 다루며 자극의 코딩과 조작을 포함할 수 있다. 산출과정은 자극에 대한 적절한 반응을 준비하는 책임이 있다.

인지심리학은 두 가지 가정에 기초한다. 1) 인간의 인지는 원칙적으로 과학적 방법에 의해 완전히 밝혀질 수 있다. 즉, 정신 과정의 개별 구성 요소가 식별되고 이해될 수 있으며, 2) 내부 정신 과정이 기술될 수 있다. 정보 처리 모델의 규칙 또는 알고리즘 측면에서 이러한 가정에 대한 많은 논란이 있었다(Costall and Still, 1987; Dreyfus, 1979; Searle, 1990). 물리학, 실험 및 시뮬레이션/모델링은 인지심리학의 주요 연구 도구이다. 종종 모델의 예측은 인간의 행동과 직접 비교된다. 접근의 용이성과 뇌 영상 기술의 광범위한 사용으로 인지심리학은 지난 10년 동안 인지 신경과학의 영향력을 받았다.

현재 인지심리학에는 실험적 인지심리학, 전산 인지심리학, 신경 인지심리학의 세 가지 주요 접근법이 있다. 실험적 인지심리학은 인지심리학을 자연 과학의 하나로 취급하고 인간의 인지를 조사하기 위한 실험적 방법을 적용한다. 정신 물리학적 반응, 반응 시간 및 안구 추적은 실험적 인지 심리학에서 종종 측정된다. 전산 인지심리학은 상징적이고 종속적인 표현과 역동적인 시스템을 기반으로 한 인간의 인지 능력에 대한 수학적 계산 모델을 개발하였다.

신경 인지심리학은 뇌 영상 (예를 들어, EEG, MEG, 자기 공명, PET, SPECT, Optical Imaging) 및 신경 생리학 방법(예: 병변 환자)을 사용하여 인간 인지의 신경 기반을 이해한다. 세 가지 접근법은 종종 상호 연관되어 있고 인지심리학의 모든 하위 영역에서 독립적이고 보충적인 통찰력을 제공한다.

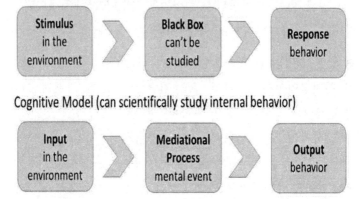

Behaviorist Model (only study observable / external behavior)

Stimulus in the environment

Black Box can't be studied

Response behavior

Cognitive Model (can scientifically study internal behavior)

Input in the environment

Mediational Process mental event

Output behavior

인지심리학의 하위 영역

전통적으로 인지심리학은 인간의 지각, 주의력, 학습, 기억, 개념 형성, 추론, 판단 및 의사 결정 , 문제 해결 및 언어 처리를 포함한다. 일부에서는 사회적, 문화적 요인, 감정, 의식, 동물 인지, 진화적 접근법이 인지심리학의 일부가 되었다. 다음은 인지심리학의 하위 영역에 대한 설명이다.

지각

지각을 연구하는 사람들은 환경에서 정보의 주관적 해석을 어떻게 구성하는지 이해하려고 노력한다. 지각 시스템은 시각, 청각, 체 감각과 같은 분리된 감각과 형태(Livingston & Hubel, 1988, Ungerleider & Mishkin, 1982, Julesz, 1971)와 하위 모듈(Lu & Sperling, 1995)로 구성된다. 현재 연구는 이러한 개별 표현과 모듈이 어떻게 상호 작용하고 일관된 지각으로 통합되는지에 초점을 맞춘다. 인지심리학자들은 정신 물리학적 방법과 뇌 영상을 통해 경험적으로 이러한 특성을 연구했다. 생리 원리에 기초한 전산 모델은 많은 지각 시스템을 위해 개발되었다(Grossberg & Mingolla, 1985; Marr, 1982).

주의

주의는 추후 처리를 위한 정보를 선택하거나 여러 정보원에 동시에 적용되는 자원을 관리함으로써 인지 처리 시스템에서 정보 과부하 문제를 해결한다(Broadbent, 1967; Posner, 1980, Treisman, 1969). 주의 집중에 대한 집중적인 연구는 관심이 성과를 향상시키는 방법과 이유, 또는 주의력 결핍이 성과를 저해하는 방법에 초점을 맞추었다(Posner, 1980; Weichselgartner & Sperling, 1987; Chun & Potter, 1995; Pashler, 1999). 관심의 이론적 분석은 신호 탐지 접근법(Lu & Dosher, 1998)과 유사성 선택 접근법(Bundesen, 1990; Logan, 2004)과 같이 주의 메커니즘을 확인하기 위한 몇 가지 주요 접근법을 취해왔다. 치우친 경쟁의 관련 효과는 동물의 단일 세포 기록에서 연구되어왔다(Reynolds, Chelazzi, & Desimone, 1999). 뇌 영상 연구는 시각 피질의 활성화에 대한 관심의 효과를 문서화하고 주목하였으며, 제어를 위해 네트워크를 조사했다(Kanwisher & Wojciulik, 2000).

학습

학습은 환경에 대한 유기체의 반응을 향상시킨다. 인지심리학자는 새로운 정보가 획득되는 조건을 연구한다. 학습의 연구는 동물의 학습현상분석(instrumental, contingency, associative learning)에 대한 이해와 인간에 의한 인지적 또는 개념적 정보의 학습에까지 확장된다(Kandel, 1976; Estes, 1969; Thompson, 1986). 암묵적 학습에 대한 인지연구는 이전의 경험이 수행에 자동적으로 미치는 영향과 절차적 지식의 본질을 강조한다(Roediger, 1990). 개념 학습에 관한 연구는 들어오는 정보의 처리, 정교화의 역할, 부호화된 표현의 본질을 강조한다(Craik, 2002). 전산 접근법을 사용하는 사람들은 보다 쉽게 배울 수 있는 개념의 본질과 학습 시스템을 위한 규칙과 알고리즘을 연구했다(Holland, Holyoak, Nisbett, & Thagard, 1986). 병변 및 영상 연구를 사용하는 사람들은 특정 뇌의 역할을 조사하여(Talving, Gordon Hayman, & MacDonald, 1991; Gabrieli, Fleischman, Keane, Reminger, & Morell, 1995, Grafton, 1983) 지각 시스템의 역할에 대해 설명한다(Hazeltine, & Ivry, 1995).

기억

인간 기억의 능력과 취약성에 대한 연구는 인지심리학의 가장 발전된 측면 중 하나이다. 기억 연구는 기억이 어떻게 획득되고, 저장되고, 검색되는지에 초점을 맞춘다. 메모리 도메인은 사실, 절차 또는 기술, 작업 및 단기 메모리 용량을 위해 기능적으로 분할되었다. 실험적 접근법은 해리 가능한 기억 유형(Squire & Zola, 1996) 또는 단기 기억이나 작업 기억과 같은 용량 제한 처리 시스템(Cowan, 1995; Dosher, 1999)으로 구분된다. 전산 접근법은 명제적 네트워크, 또는 홀로그래픽 또는 복합 표현 및 검색 프로세스로서의 메모리를 기술한다(Anderson,

1996, Shiffrin & Steyvers, 1997). 뇌 영상 및 병변 연구는 별개의 처리 시스템(Gabrieli, 1998)에서 저장 또는 검색하는 동안 분리 가능한 뇌 영역을 확인한다.

개념 형성

개념 또는 category 형성은 기능적으로 관련 있는 category 의 구성에 의해 경험의 인식 및 분류를 조직화하는 능력을 말한다. 특정 자극(즉, 고양이)에 대한 반응은 특정 사례가 아니라 category로 분류하고 해당 category와 지식의 연관성(Medin & Ross, 1992)에 의해 결정된다. 개념을 배울 수 있는 능력은 복잡성에 달려있는 것으로 나타난다. 개념의 표본들 간의 유사성과 표현의 접근 가능한 차원에 대한 변이의 관계(Ashby, 2000)에 의해 결정된다. 어떤 개념은 대체로 유사성 구조를 반영하지만, 다른 개념은 기능이나 개념 이론을 반영할 수 있다 (Medin, 1989). 전산모델은 인스턴스(instance)10) 표현, 유사

10) ①일반적으로 어떤 집합에 대해서, 그 집합의 개별적인 요소. 객체 지향 프로그래밍(OOP)에서, 어떤 등급에 속하는 각 객체를 인스턴스라고 한다. 예를 들면 '목록(list)'이라는 등급을 정의하고 그 다음에 '본인 목록(my list)'이라는 객체를 생성(기억 장치 할당)하면 그 등급의 인스턴스가 생성된다. 또한 변수가 포함되어 있는 어떤 논리식의 변수에 구체적인 값을 대입하여 식을 만들면 원래 식의 인스턴스가 만들어진다. 이런 의미에서 인스턴스를 실현치라

성 구조 및 일반 인식 모델의 집계, 개념 이론에 기반 하여 개발되었다(Barsalou, 2003). 인지 신경 과학은 category 형성의 측면이나 별개의 형태(Ashby, Alfonso-Reese, Turken, Waldron, 1998)에 중요한 뇌 구조를 확인했다.

판단과 결정

인간의 판단과 의사 결정은 유비쿼터스(ubiquitous)[11]이다. 암묵적으로 또는 명시적으로 자발적인 행동은 판단과 선택을 요구한다. 선택의 역사적 토대는 규범적 또는 합리적인 모델과 최적성 규칙에 기초하며, 예상 유틸리티(utility)[12] 이론에서 시

고 한다. ②프로그램 작성 언어 에이다(Ada)에서 매개 변수를 사용해서 절차를 일반적으로 정의한 범용체(generic package)에 대해, 그것으로부터 도출한 구체적인 실체. [네이버 지식백과] 인스턴스 [instance] (IT용어사전, 한국정보통신기술협회)

11) "언제, 어디에나 존재한다." 라는 뜻을 가진 라틴어로, 시간과 장소에 구애받지 않고 언제, 어디서나 네트워크에 접속할 수 있는 통신환경을 의미한다.

12) 유틸리티(utility)는 '유용성', '실용성'이라는 뜻을 가지고 있습니다. 컴퓨터 안에서의 유틸리티란, 사용자가 컴퓨터를 다루는데 유용하고, 실용성 있게 사용되는 소프트웨어를 말합니다. 컴퓨터를 조작할 수 있는 기본설정을 제어해 주는 것들이지요. 예를 들어 파일을 복사하는 기능이 있습니다. USB에 옮겨 담기도 하고, 컴퓨터 안에서 다른 폴더로 복사하기도 합니다. 매우 기본적이고 쉬운 일 처럼 보이지만 사실 복사를 담당하는 유틸리티 소프트웨어가 제 역할을 하기 때문

작 된다(von Neumann & Morgenstern 1944; Luce, 1959). 광범위한 분석을 통해 위험과 보상의 차별적 평가 (Luce and Raiffa, 1989), 확률의 왜곡된 평가 (Kahneman & Tversky, 1979) 및 인간 정보 처리의 한계(즉, Russo & Raiffa, Dosher, 1983). 새로운 계산 방법은 판단과 선택에 대한 동적 시스템 분석(Busemeyer & Johnson, 2004)과 복잡한 상황에 대한 여러 기준(Fenton & Neil, 2001)에 기반한 선택을 하는 신념 네트워크, 의사 결정에 대한 연구 등이 활발히 논의되고 있다 (Bechara, Damasio and Damasio, 2000).

추론

추론(Reasoning)은 논리 논증을 평가하거나 구성하는 과정이다. 추론에 대한 최초의 조사는 인간이 철학적으로 도출된 추론 규칙을 올바르게 적용한 정도(즉, A는 B를 의미하고 A는 B라

이다. 마찬가지로, 하드디스크 정리, 프린터 조작, 바탕화면 꾸미기, 화면 해상도 조정, 네트워크 설정, 설치프로그램 관리, 실행 프로그램 관리, 시작 프로그램 관리와 같은 것들은 유틸리티의 대표적인 예라고 할 수 있습니다. 이와 같은 소프트웨어들은 컴퓨터의 상태나 문제를 확인할 수 있게 해 주고, 경우에 따라서는 문제를 직접 해결 할 수 있게 해 줍니다. 또한 기본 설정을 조작함으로서 사용자가 컴퓨터를 보다 편리하게 이용할 수 있는 환경을 만들어 줍니다. [네이버 지식백과] 유틸리티 [utility] (천재학습백과 초등 소프트웨어 용어사전)

면)와 인간이 일부 공제를 감사하지 않고 다른 사람을 거짓으로 결론짓는 많은 방법에 중점을 둔다. 이것들은 삼단 논법이나 한정어를 사용한 추론의 한계점까지 확장되었다(Johnson-Laird, Byne and Schaeken, 1992; Rips and Marcus, 1977). 대조적으로, 귀납적 추론은 유추에 의한 일련의 관측이나 이유와 일치하는 가설을 세운다(Holyoak and Thagard, 1995). 종종 추론은 경험적 판단, 오류, 증거의 대표성 및 다른 프레임 현상에 영향을 받는다(Kahneman, Slovic, Tversky, 1982).

문제해결

문제해결의 인지심리학은 인간이 목표 지향적 행동을 어떻게 추구하는지를 연구하는 것이다. Newell과 Simon(1972)의 문제해결과 Wickelgren(1974)의 경험적 분석에 대한 전산상태 공간분석 및 컴퓨터 시뮬레이션으로 문제 해결에 대한 인지심리학적 접근을 설정했다. 문제를 해결하는 것은 알고리즘(algorithm)[13] 또는 휴리스틱((heuristics)[14] 솔루션(solution)[15]을 사용하여 문

---

13) 어떤 문제를 해결하기 위한 절차, 방법, 명령어들의 집합.

14) 시간이나 정보가 불충분하여 합리적인 판단을 할 수 없거나, 굳이 체계적이고 합리적인 판단을 할 필요가 없는 상황에서 신속하게 사용하는 어림짐작의 기술

제 공간의 초기 상태에서 목표 상태로 이동하는 작업을 찾는 것이다. 문제의 표현은 해결책을 찾는 데 중요하다(Zhang, 1997). 지식이 풍부한 영역(체스)에 대한 전문 지식 또한 복잡한 패턴 인식에 달려 있다(Gobet & Simon, 1996). 문제 해결은 지각, 기억, 주의력 및 실행 기능을 포함할 수 있으며, 많은 뇌 영역이 문제 해결 연구에 집중하고 있다.

언어 처리

인지심리학은 언어 습득, 언어 이해, 언어 생산, 읽기 심리학에 중점을 두고 있다(Kintsch 1974; Pinker, 1994; Levelt, 1989). 언어적 접근은 언어 사용의 공식구조에 초점을 맞추고 있지만(Chomsky, 1965) Psycholinguistics는 단어의 인코딩 및 어휘 접근, 구문 분석 및 표현의 문장 수준 프로세스, 개념, 요지, 추론 및 의미론적 가정에 대한 일반적인 표현을 연구했다. 시스템, 구문 분석 시스템, 의미론적 표현 시스템 및 큰 소리로 읽는 것을 포함하여 이러한 모든 수준을 위한 전산 모델이 개

15) 컴퓨터 사용자가 하드웨어와 소프트웨어·서비스·응용프로그램·파일형식·회사·상표명·운영체제 등을 일일이 구분해야 하는 어려움을 겪지 않고도 원하는 해결책을 구할 때 사용된다. 대개 수량이 많고 여러 가지 작업 및 다양한 제작자의 제품들이 함께 관여되어 있는 경우에 필요하다. [네이버 지식백과] 솔루션 [solution] (두산백과)

발되었다(Seidenberg, 1997; Coltheart, Rastle, Perry, Langdon, & Ziegler, 2001, Just, Carpenter, and Woolley, 1982, Thorne, Bratley & Dewar, 1968, Schank and Abelson, 1977, Massaro, 1998).

인지심리학에는 주요 공헌은 Albert Ellis의 합리적인 감정적인 행동요법(REBT), Aaron Beck의 인지치료(CT), Donald Meichenbaum의 인지 행동요법(CBT)이 그것이다. REBT를 위한 프레임 워크는 Albert Ellis가 개발했다.

2) 융합상담심리 논의

인지심리학은 사람들이 정보를 처리하는 방식에 초점을 둔 심리학의 한 분야이다. 우리가 받는 정보를 어떻게 처리하는지 그리고 이 정보의 처리가 어떻게 우리의 응답으로 이어지는지 살펴본다. 즉, 인지심리학은 자극(입력)과 반응(출력)을 연결하는 우리의 마음속에 일어나는 일에 흥미가 있다. 인지심리학자는 지각, 주의력, 언어, 기억 및 사고를 포함하는 내부 프로세스를 연구한다. 이러한 인지심리학의 개념에 대해 융합상담심리는 동의할 뿐만 아니라 인간의 왜곡된 인지의 변화를 위해 그 사람이 처한 환경의 변화를 주는 기법 적용할 것을 제안한다.

인지심리학은 다음과 같은 질문을 한다.

- 외부 세계에 대한 정보를 어떻게 받습니까?
- 어떻게 정보를 저장하고 처리합니까?
- 문제를 어떻게 해결할 수 있습니까?
- 인식이 붕괴되면 우리의 생각이 잘못될 수 있습니까?
- 사고에서의 오류는 어떻게 감정적인 고통과 부정적인 행동으로 이어질까요?

그러나 융합상담심리는 이에 다음과 같은 질문을 더 추가한다.

- 왜 당신에게 문제의 환경이 주어졌다고 생각하십니까?
- 당신에게 생긴 문제가 왜 발생했다고 생각하십니까?
- 당신의 문제를 해결하기 위해 당신의 역할이 있다면 무엇이 있다고 생각하십니까?
- 당신의 문제에 대해 당신의 주변 사람들은 어떻게 생각한다고 생각하십니까?
- 당신의 문제 해결을 위해 도움을 요청할 주변인과 환경을

은 무엇이겠습니까?
- 당신의 문제가 해결 될 것이라는 믿음이 어느 정도 있습니까?

　　인지심리는 처음부터 목표 중심적이고 문제 중심적이다. 인지
심리치료에서 내담자가 첫 번째 일 중 하나는 문제를 파악하고
자신을 위한 구체적인 목표를 세우는 것이다. 그러면 목표를 달
성할 수 있는 기회를 증가시키는 방식으로 문제를 체계화하는
데 도움을 받는 것이다. 내일 직장에서 중요한 전략회의에서 발
표를 하는데 실패를 두려워하고 있다면, 인지심리학자는 가장
적절하고 타당한 이유를 이해하기 위해 상황을 검토하고 합리
화하는 데 도움을 준다. 그 발표가 성공할 수 있도록 도움이 될
변화를 만드는 방법을 가르쳐 줄 것이다.

　　융합상담심리는 인지심리학이 언급하고 있는 인간의 인지와
정서/감정, 사고와 행동들의 발달 단계에 동의 한다. 또한 융합
상담심리는 인지심리학의 뿌리를 두고 있는 뇌 과학, 뇌신경,
뇌 영상 등의 활용을 통한 상담기법에 동의 한다. 따라서 융합
상담심리는 인간의 정신, 사고, 인지, 인식, 정서와 행동의 융합
적 즉, HEBES의 이론에 접목하여 인간의 인지의 변화에 다양
한 접근 시도에 동의 한다.

5. 뇌 과학과 융합상담심리

스티븐 존슨(Steven Johnson)은 "Mind Wide Open" 굿 바이 프로이트 책에서 인간의 감정은 심장에서 나오는 것인가? 과학과 철학과 생물학과 심리학을 통합하고 있는 뇌에서 나온다고 주장하면서 정신분석학의 실수들과 한계점을 지적하고 있다. 프로이트가 인간에 대해 잘못 본 것, 오해한 것, 너무 단순화시킨 것들을 지적하긴 하지만, 결국엔 오히려 프로이트를 어떻게든 현대 뇌 과학과 화해시키려 하고 있다는 느낌이다. 어떤 면서 존슨의 책은 '굿바이 프로이트' 보다는 'How are you/Freud'가 되어야 할지 모르겠다. 더 어울릴 듯도 하다. 결론적으로 뇌 과학 공부는 자기이해와 타인이해를 위한 것이란 주장이다. 따라서 프로이트가 우리에게 준 죄의식에서 벗어나도 된다는 것을 강조하고 있다.

뇌 과학은 프로이트는 의식이 없는 충동의 역할을 강조하는 것에 대해 동의한다. 감정은 편도라는 뇌의 일부분에서 처리된다. 즉, "그녀의 눈에서 미묘한 표정에서 배우자의 나쁜 분위기를 직감"에서 공포 반응을 통제하는 것에 이르기까지, "당신의 편도체는 당신의 세계에 대한 평가를 지휘한다." 라고 존슨은 설명한다. 그리고 비합리적인 두려움이 있을 때 편도체는 우리

의 문명화 된 초자아와 우리의 원초적인 이드 사이의 충돌이라
는 프로이트의 개념과 마찬가지로 이성적인 대뇌 피질과 충돌
한다. 그러나 프로이트는 한 가지 사실에 틀렸을 수도 있다. 신
경 과학은 치료가 실제로 충격적인 경험을 더 악화시킬 수 있
다고 보기 때문이다.

필자도 존슨의 의견에 동의한다. 융합상담심리는 프로이트가
무의식을 최대한으로 끌어 올려서 분석 작업을 주장하는 것에
동의하지 않는다. 프로이트가 설명하고 있는 인간의 무의식 즉,
억압감정, 분노, 고통, 슬픈 정서와 기억하고 싶지 않은 경험들
에 대해서 구지 꿈의 분석을 통해 표면화 할 필요가 없는 것이
필자의 주장이다. 그 이유는 인간의 아픈 과거, 고통에 대해 정
신분석과정에서 다 표면화 시킬 수 없을 뿐만 아니라 의식화/표
면화 된다고 가정할 때에 그것에 대해 어떻게 치료할 것인가에
대한 의문이 있기 때문이다.

1) 뇌 과학

인지 심리학은 우리의 정신적 과정을 탐구한다. 19세기에 들
어서면서 뇌의 국소적인 기능에 대한 연구가 활발해 졌다. 뇌

과학은 골상학16)의 대표적인 학자 프란츠 조셉 갈(Franz Joseph Gall) 골상학은 사람의 성격이나 성향이 뇌의 특정 부위의 기능에 의해 나타나며, 그 결과 머리뼈의 모양이 달라진다는 학설로 성상학(性相學)이라고도 한다. 즉, 두개골의 크기와 형태로 그 사람의 특성을 알 수 있다고 주장하는 학문이다.

뇌는 정신의 발생지이며, 각 기능에 따라 여러 개의 기관이 있다고 했다. 정신은 여러 가지 기능에 따라 구분하고, 이 각각의 기능을 수행하는 뇌의 기관을 지정하고 있다. 갈은 뇌의 모양은 머리뼈의 모양과 일치하기 때문에 머리뼈의 모양을 보고 그 사람의 성향이나 성격을 판단할 수 있다고 주장 했다. 이러한 주장은 유럽뿐만 아니라 미국에서도 선풍적인 인기를 끌었고, 학자들 사이에서는 머리뼈 수집 열풍이 되었다. 결국 1809년에 음악가 하이든의 시신을 확인하기 위해 관을 꺼냈을 때 시신에는 머리가 없었고, 모차르트의 머리뼈 역시 끔찍한 운명을 겪었다.

그 당시 갈의 이론에 대한 반발도 많았다. 종교계는 정신에 대한 유물론적인 연구 자체에 대해서 반발했다. 정신에 대한 연

---

16) 골상학(骨相學, Phrenology)은 두개골의 형상으로 인간의 성격과 심리적 특성 및 운명 등을 추정하는 학문으로 프랑스의 해부학자인 프란츠 조셉 갈(Franz Joseph Gall)이 창시하였으며 성상학(性相學)이라고도 한다. 두개골의 크기와 형태로 그 사람의 특성을 알 수 있다고 주장하는 학문이다.

구는 신학이나 철학의 분야이지, 결코 의학이나 생리학의 분야가 아니라는 주장이다. 철학자 헤겔(Hegel)은 다음과 같은 비유로 갈의 이론을 비판했다. "사람들은 어떤 이웃이 지나가거나 돼지고기를 먹으면 비가 온다는 사실을 경험할 수 있다. 비와 이웃 혹은 돼지고기의 관계는 정신과 머리뼈의 관계처럼 필연적인 관계가 아니다." 헤겔의 지적대로 이후 갈의 이론은 근거가 없는 것으로 폐기되었다.

헤겔 이후 철학은 자연과학과 분리되기 시작했고, 19세기 중반 독일의 분트(W. Wundt)가 인간의 정신을 실험실로 가져옴으로써 '심리학'도 철학에서 분리된다. 이제 인간의 마음, 의식, 정신 등이 과학적으로 탐구되기 시작했고, 감각과 지각은 개념적으로 분리되었다. 이전에는 감각과 지각이 구별 없이 혼용되었지만 1890년에 제임스(W. James)는 "요즈음에는 감각에 제시되는 특정한 사물에 대한 의식을 지각이라 부른다."라고 했다. 현대 신경학은 1860년대 프랑스의 브로카(P. Broca)에 의해서 시작된다. 그는 왼쪽 아래이마이랑이 손상되면 말을 하지 못한다는 사실을 밝혔다. 왼쪽 아래이마이랑은 나중에 그의 이름을 따 브로카 영역(베르니케 영역과 함께 언어중추를 구성한다.)이라고 불렀다. 이 이론은 오늘날 신경학의 기본 토대가 되었다.

1920년대에는 인간 뇌에서 뇌파가 기록되기 시작하면서 뇌의 전기적 현상을 이해할 수 있게 되었다. 1960년대에는 신경세포 간의 신호 전달 물질이 발견되면서 정신 질환을 약물로 치료할 수 있는 길이 열렸다. 1970년대부터 신경에 관련된 유전자 구조가 규명되면서 뇌에 대한 이해가 한층 넓어졌다. 1980년대 이후 뇌 과학은 새로운 전기를 맞는데, 양전자방출 단층촬영술(PET)과 기능적 자기공명 촬영술(fMRI) 등 방사선의학의 발달로 살아 있는 뇌 기능을 영상으로 직접 볼 수 있게 되었다.

뇌 과학자라고 불리는 인지심리학자는 인간의 두뇌가 어떻게 작동하는지 연구한다. 인지 심리학자들은 사람들이 어떻게 정보를 획득, 인식, 처리 및 저장하는지 연구한다. 인지심리학은 생각하고 기억하고 배우는 방식이다. 심리과학은 우리가 사고를 인식하고 의사 결정을 내리는 방식을 이해하는 것이다. 인간의 두뇌는 언어를 배우고, 보고, 기억하고, 듣고, 지각하고, 이해하고, 창조하게 한다.

현대 뇌 과학은 인간이 특정 자극에 어떻게 반응하는지 또는 뇌 구조의 차이가 사람의 건강, 개성 또는 인지 기능에 어떤 영향을 미칠 수 있는지 이해할 수 있도록 뇌의 사진을 볼 수 있다. 뇌 과학의 작용원리와 의식현상에 대한 연구는 인간의 정체성을 밝히는데 주력하고 있다. 자율신경계의 신경생물학 및 인지 과학적 이해는 미시적 또는 거시적 수준에서 뇌의 구조 및 기능의 근본 원리를 파악하고 이를 응용하는 연구 분야 간 통합 및 융합연구 추세가 강화되고 있다.

뇌 과학의 질환연구는 인간의 행동 및 인지가 두뇌의 활동과 어떠한 관계가 있는지 연구한다. 두뇌 과학 및 인지 심리학은 오늘날 가장 다양하게 적용되는 심리학 분야 중 하나이며 가장 수요가 많은 분야 중 하나이다.

2) 융합상담심리 논의

뇌 과학은 인간의 인지, 언어, 행동을 연구하는 학문이라는 관점에서 필자는 동의 한다. 뇌 과학에서 주장하는 인간의 다양한 인지능력은 서로 영향을 주는 유기체라는 사실은 융합상담심리의 입정과 동일하다. 융합상담심리는 인간의 행동과 생각, 언어와 사고가 서로 융합되는 과정에서 인간이해를 한다. 인간은 뼈, 근육, 신경, 신경전달 물질, 호르몬, 세포 등이다. 필자는 Alfred Adler가 인간 이해로 "분리할 수 없는 통합적인 개인"에 대해서 전적으로 동의한다.

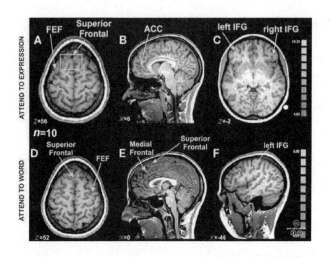

fMRI 연구에서 보여주는 전형적인 뇌 영상과 설명. 감정적 표현을 인식하는 과정과 언어를 인식하는 과정에서 활성화되는 뇌 부위가 다르다. <출처 : (cc) Shima Ovaysikia, Khalid A. Tahir, Jason L. Chan and Joseph F. X. DeSouza >

이러한 기능적 뇌영상 기술이 발전하면서 뇌병변 환자뿐 아니라 일반인의 뇌 기능과 정신에 대한 연구들이 가능해졌다. 또한, 연구 주제도 언어 구사나 추론과 같은 고차원적인 인지 과정은 물론, 개인의 성격이나 성향, 거짓말, 사기, 협동, 경쟁과 같은 인간의 사회적 행위, 난폭한 사람과 그렇지 않은 사람의 두뇌 구조나 활동의 차이 등으로 넓어지고 있다. 이렇게 뇌과학과 뇌영상 기술이 쏟아내는 결과물들의 양뿐만 아니라 그것들의 정치적, 사회적 함의가 높아짐에 따라, 이러한 과학적 발전이 야기하는 사회적, 법적, 윤리적 쟁점들을 고민하는 "신경윤리학(neuroethics)"이라는 분야도 생겨났다.

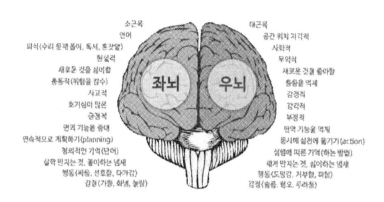

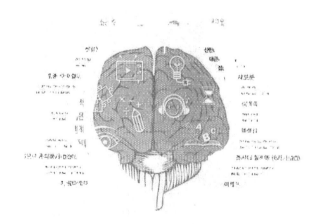

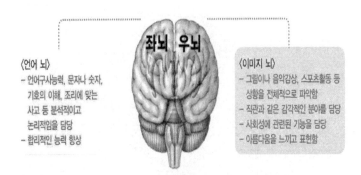

〈언어 뇌〉
- 언어구사능력, 문자나 숫자,
  기호의 이해, 조리에 맞는
  사고 등 분석적이고
  논리적임을 담당
- 합리적인 능력 향상

〈이미지 뇌〉
- 그림이나 음악감상, 스포츠활동 등
  상황을 전체적으로 파악함
- 직관과 같은 감각적인 분야를 담당
- 사회성에 관련된 기능을 담당
- 아름다움을 느끼고 표현함

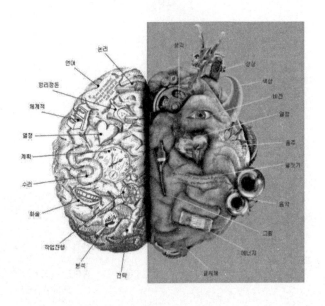

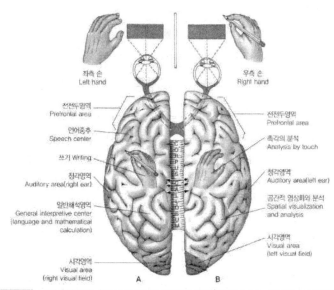

그림 12-6 **대뇌반구의 전문화.** 우측 대뇌반구와 좌측 대뇌반구는 기능적 차이가 있다. A, 분석반구. B, 표현반구.

6. 행동주의심리와 융합상담심리

1) 행동주의심리

행동주의는 인간과 다른 동물의 행동을 이해하는 체계적인 접근법이다. 그것은 모든 행동이 환경의 특정 자극에 대한 반응에 의해 생성된 반사작용이거나 개인의 현재 동기 부여 상태 및 조절 자극과 함께 특히 강화 및 처벌을 포함한 개인의 역사의 결과라고 가정한다. 행동주의자들은 행동을 결정할 때 상속의 중요한 역할을 일반적으로 받아들이지만 주로 환경적 요인에 초점을 맞춘다. 행동주의는 철학, 방법론 및 심리학의 요소를 결합한다. 19세기 후반 심층심리학 및 심리학의 다른 형태에 반응하여 실험적으로 테스트 할 수 없는 경우가 많았다. 행동주의의 가장 초기는 Edward Thorndike가 효과의 법칙을 개척한 19세기 후반으로 거슬러 올라간다.

20세기 전반부에 John B. Watson은 방법론적 행동주의를 고안하여 관찰 가능한 행동과 사건만을 측정함으로써 행동을 이해하려고 노력했다. BF. Skinner는 1930년대까지는 사상과 감정을 포함한 사적인 사건이'급진적 행동주의'라는 철학의 기본이 된 관찰 가능한 행동과 동일한 통제 변수를 받아야 한다고

제안했다. Watson과 Ivan Pavlov가 고전적 조건화의 자극 –
반응 절차를 조사하는 동안, Skinner는 결과의 제어 본질 및 행
동을 강화하는 선행(또는 차별적인 자극)에 대한 잠재적 영향
을 평가했다.

Skinner의 급진적인 행동주의는 새로운 방법으로 새로운 현
상을 드러내는 실험에 성공하였지만, Skinner의 이론은 개발을
제한했다. 이론적인 행동 의 역사에 있어서, 유기체가 자극에
대한 감도 및 응답을 방출할 수 있는 능력뿐만 아니라 상태를
가지고 있다고 인식했다. 응용 행동분석이라고 알려진 급진적인
행동주의의 적용은 조직 행동 관리, 자폐증 및 약물 남용과 같
은 정신 장애 치료에 이르기까지 다양한 설정에서 사용한다.

행동주의 심리학의 철학

행동주의는 마음 철학과 대조될 수 있는 심리적 운동이다. 급
진적인 행동주의의 기본 전제는 행동의 연구가 화학 작용이나
물리학과 같은 자연 과학이어야 하며, 행동의 원인으로서 유기
체의 내부 상태에 대한 언급이 없는 것이다. 덜 급진적인 것은
내면적, 정신적, 주관적 경험에 대한 철학적 입장에 관심이 없
다. 행동주의는 행동에 대한 기능적 관점을 취한다. Edmund

Fantino에 따르면, 행동분석은 인지심리학자와 사회심리학자가 일반적으로 지배하는 현상에 대한 연구를 많이 제공한다. 행동 이론과 방법론의 성공적인 적용은 판단과 선택의 중추적인 문제를 밝혀 줄 것이라고 기대한다. Gilbert Ryle은 철학적인 행동주의의 뚜렷한 변형을 옹호했으며 그의 책 The Concept of Mind에서 이를 제안하였다. Ryle의 핵심 주장은 이원론의 사례가 종종 '범주 실수'를 나타냈고, 따라서 평범한 언어의 사용에 대한 오해였다. Dennett은 설명과 설명 사이에는 결정적인 차이가 있다고 주장한다. 분명히 합리적인 행동에 대한 설명이 극도로 단순하다면, 그 행동은 결국 합리적인 것이 아니라고 말할 수 있다. 그러나 설명이 매우 복잡한 경우, 우리는 그 행동이 합리적인 것이 아니라, 합리성이 무엇인지를 더 잘 이해할 수 있다고 말할 수 있다.

행동주의 심리학의 동향

Ivan Pavlov는 생리학과 화학에서의 문제를 해결하였다. 그러나 소화 효소의 형성과 분비를 연구하는 과정에서 Pavlov는 처음에는 자동 또는 자연 반사 메커니즘이 환경에서 특정 사건과 연관됨으로써 외부적으로 제어될 수 있음을 발견했다. 고전적인 컨디셔닝에 관한 그의 이론은 신경 생리학에 기초를 두고 있으며 전통적인 심리학의 정신적 접근을 대체하기 위한 것이다. 이 목표에서 그는 행동주의의 아버지로 여겨지는 미국의 심리학자 John B. Watson과 합류했다. 에세이인 Behaviorist Views It (1913)과 Behaviorist(1919)는 널리 읽히고 인용되고 있으며, 내면의 심리학, 구조주의, '민중'심리학과 투쟁을 벌였다.

그는 과학에서 적절한 주제가 심리학에서 관찰 가능한 행동을 직접적으로 관찰할 수 있는 사건이라고 주장했다. 그의 권유를 Pavlov 이론에 연결하면서, Watson은 미국에서 이미 지배적이었던 기능주의적이고 실용적인 면과 양립할 수 있는 행동 심리학을 생산하였다. Watson의 유산은 행동 심리학 역사상 가장 영향력 있는 인물인 BF. Skinner(1904-1991)에 의해 받아 들여졌다. 수많은 책과 기사, 수많은 실험실 시위 및 학생들과 동료들의 군단을 통해 Skinner는 미국에서 심리학을 지배했으며 실제로는 1950부터 1970까지 30년 동안 전 세계의 많은 심리학을 지배했다. 다양한 전문가는 Skinner 심리학의 관점을 채택하고 '스키너 상자'와 유사한 방법과 측정을 따랐다.

1938년 생물의 행동에서 Skinner는 행동 과학이 생리학 또는 다른 과학과 관련이 있다고 하더라도 독립적이라고 주장했다. 그가 주장하는 바에 따르면 관찰된 행동은 어떤 유기체의 유전적 구성이 무엇인지, 신경계가 무엇을 하고 있는지, 어떤 이론이 발명되거나 채택되었는지에 상관없다. Edward L. Thorndike (1874-1949)의 연구에서 주도적인 역할을 한 Skinner는 오페라(operant) 또는 도구적인(instrumental) 연구에 전념했으며, 행동-긍정적인 강화제를 확보하거나 혐오스러운 자극을 피하는 데 도움이 되는 행동을 제안하였다. Pavlovian 반사(Skinner의 용어에서 응답자)와 달리, operant 동작은 실제로 동물 환경을 조작하고 변경했다. 긍정적인 강화(예 : 음식)를 초래하는 행동은 통계적으로 더 가능성을 높였다. 강화되지 않은 행동-환경에 체계적인 영향을 미치지 않는 행동이 빠져 나간다. 따라서 우발적인 상황을 포함하는 환경 내에서의 행동은 진화론 그 자체와 다르지 않다. 더 성공적인 적응을 가져 오는 행동은 살아남지만, 그렇지 않은 행동은 사라진다.

Skinner가 개발한 바와 같이, 행동 심리학은 물리학보다는 공학에 더 가깝고 행동을 묘사하는 실증적 과학이며, 행동이 어느 정도 가능성이 있는 조건을 식별할 수 있었다. 이 이론은 가설적인 프로세스, 숨겨진 변수, 또는 개인적인 '상태'를 담은 이론이다. Skinner의 행동 심리학은 가장 영향력이 있지만 20세기에 개발된 몇 가지 스크립트 중 하나이다. 다양한 학교 또는 유형들 사이에 일어난 분열의 주요 요점은 3가지이다. (1) 행동

심리학에 의해 달성될 설명의 수준; (2) 관측 불가능한 (정신적인) 사건과 과정을 위한 심리학 내의 공간; (3) 자연 (생물) 과학의 더 큰 맥락에서 그러한 심리학의 적절한 장소. 이 각각에서, 행동 주의자들은 Skinner와 의견을 달리했다. 예를 들어 Clark Hull(1884-1952)은 과학적 설명의 공리 학적 연역 모형을 채택했다. Hullian 행동 심리학은 학습과 실천 사이의 관계, 보상의 강도와 보상의 정도 또는 반응 속도와 음식 박탈의 시간 사이의 관계를 표현하는 수학적 방정식 페이지로 특징 지워진다.

EC Tolman(1886-1959)은 '인지지도'와 같은 개념으로 비인간 동물의 문제 해결에 대한 설명을 근거로 삼은 일종의 인지-행동적 심리학을 옹호했다. 예를 들어, 미로에서 여러 차례를 배우고 나중에 미로 상자 맨 위에 놓인 쥐는 성공적인 학습 경로를 되돌아가지 않고 목표를 향해 직접 움직인다. 톨만의 이론에서 쥐가 가진 것은 그 상황의지도 또는 표현이며, 행동의 매우 다른 패턴이 동일한 결과를 얻기 위해 준비될 수 있다. 그러나 다른 행동주의 심리학자들, 특히 Karl Lashley(1890-1958)는 행동 과학을 뇌 과학과 완전히 통합시켜야한다고 주장하면서 관찰 가능한 행동 연구에 대한 의지를 유지 했다.이 점에서 볼프강 쾰러(영문표기)(1887-1967)와 같은 게슈탈트 심리학자들의 영향과 비판은 행동주의적 전망에 변화를 가져 왔다.

행동주의 심리학의 접근 유형

방법론적 행동주의 : Watson의 행동주의는 공공 사건 (개인의 행동)만 객관적으로 관찰할 수 있으며, 사적인 사건(사고와 감정)은 무시되어야 한다고 말한다. 이는 1970년대와 1980년대 초의 접근 행동 수정의 기초가 되었다.

급진적 행동주의 : BF Skinner의 행동주의는 유기체 내의 프로세스, 특히 사적인 사건(사고 및 감정과 같은)의 존재를 인정해야 하며 환경 변수가 관찰 가능한 행동을 제어하는 것처럼 이러한 내부 사건을 제어한다고 제안한다. 급진적 행동주의는 행동 분석의 핵심 철학을 형성한다. Willard Van Orman Quine은 지식과 언어에 대한 그의 연구에서 급진적 행동주의의 아이디어를 많이 사용했다.

심리적 행동주의 : Skinner, Hull 및 Tolman의 이전 행동주의와 달리 Arthur W. Staats가 제안한 것처럼 다양한 유형의 인간 행동을 포함하는 인간 연구 프로그램을 기반으로 했다. 심리적 행동주의는 인간 학습의 새로운 원리를 소개한다. 인간은 동물 학습 원리뿐만 아니라 특별한 인간 학습원리를 배우게 된다. 이러한 원칙에는 인간의 독창적인 거대한 학습 능력이 포함된다. 인간은 다른 것들을 배울 수 있는 레퍼토리를 배운다. 따

라서 인간 학습은 누적이다. 이것이 인간 종을 독특하게 만든
다.

Skinner는 행동의 실험적 분석의 개념적 토대로서 급진적 행
동주의를 제안했다. 이 견해는 다양한 방식으로 행동 연구에 대
한 다른 접근법과 다르지만, 가장 주목할 만한 것은 과학적 조
사의 대상이 되는 행동으로 감정, 마음 상태 및 내성을 받아들
이는 방법론적 행동주의와 대조되는 점이다. 방법론적 행동주의
와 마찬가지로 행동 과학을 생리학에 독립적이지만 보완적인
것으로 보호한다. 급진적인 행동주의는 미국의 실용주의와 같은
다른 서구의 철학적 입장과 상당히 겹치는 부분이 있다.

Skinner의 행동 견해는 행동의 '분자적' 관점으로 가장 자주
특징지어 진다. 즉, 행동은 원자성 부품이나 분자로 분해될 수
있다. Skinner의 이론은 세 가지 수준에서 선택의 역사에 대한
이해를 필요로 한다. 제안 : 생물학(자연 선택 또는 계통); 행
동(동물의 행동 레퍼토리의 강화 역사 또는 개체 발생); 일부
종의 경우 문화(동물이 속한 사회 집단의 문화적 실천). 이 전
체 유기체는 그 환경과 상호 작용한다.

Howard Rachlin, Richard Herrnstein, William Baum과 같은
극지 행동 주의자들은 순간적 사건에 초점을 맞춤으로써 행동
을 이해할 수 없다고 주장한다. 즉, 행동은 유기체의 역사의 궁

극적인 산물이며 분자 행동주의자는 허구의 원인을 발명하여 오류를 범하고 있다고 주장한다. 양극성 행동주의자들은 '연합 강도(associative strength)'와 같은 표준 분자 구조가 보강률과 같은 변수로 더 잘 대체된다고 주장한다. 20세기 후반에 행동주의는 인식 혁명의 결과로 크게 쇠퇴하였다. 이러한 변화는 정신적 과정을 조사하지 않은데 대해 비판적이었던 방법론적 행동주의에 기인했으며, 이로 인해 인지 치료 운동이 발전하게 되었다.

행동주의 심리학의 학습목표

행동주의는 인간의 정신을 연구하는 수단으로 관찰 가능한 행동에 초점을 맞추고 있다. 행동주의의 주된 이론은 사람과 동물의 관찰 가능한 행동에 관심을 기울여야 한다는 것이다. 행동주의자들은 정신 분석가가 자신의 주장을 뒷받침할 경험적 증거는 없다고 비판했다.

행동주의적 심리학의 주된 영향은 Ivan Pavlov(1849-1936)이다. Edward Lee Thorndike(1874-1949)는 학습에 심리적 원리를 처음 적용했다. 내면의 방법을 거부하고 심리학을 실험적 방법으로 제한하려고 시도한 John B. Watson(1878-1958)

와 BF Skinner(1904-1990)는 operant conditioning에 관한 연구를 수행했다. 이들 중 첫 번째인 Ivan Pavlov는 중요한 학습 유형인 고전적 조절에 대한 연구로 유명하다. 우리는 환경을 인식하는 방식, 들어오는 자극을 해석하는 방식에 따라서 우리가 상호 작용하거나 행동하는 방식을 바꾸게 된다. 러시아 생리학자인 Pavlov는 실제로 개들의 소화 패턴에 대한 연구를 하면서 고전적 conditioning[17]을 우연히 발견했다. 그의 실험 동안, 그는 육체적인 반응을 측정하기 위해 여러 장기에 튜브를 삽입한 개의 입에 고기 가루를 넣었다. 파블로프는 개가 고기 가루가 나오기 전에 침이 시작되었다는 것을 발견했다. 곧 개는 먹이를 주는 사람이 방에 들어서자마자 침을 흘리기 시작했다. Pavlov는 빠르게 이 현상에 관심을 가지기 시작했으며 그의 소화 연구를 이제는 그의 고전적인 conditioning 연구가 되었다.

기본적으로 Pavlov의 연구 결과는 자연 발생적이지 않은 특정 자극에 대한 반응한다는 아이디어를 지지한다. 우리가 뜨거운 난로를 만질 때, 반사 작용은 우리의 손을 뒤로 당긴다. 우리는 배우는 일없이 본능적으로 이 일을 한다. 반사는 단지 생존 본능 일뿐이다. Pavlov는 우리가 하나의 자극에 대한 반응을 쌍을 이루는 중립적인 자극에 대해 일반화하도록 하는 연관성

---

17) 특정 조건에 반응을 보이거나 익숙해지게 하는 훈련/길들이기.

을 발견했다.

개와 그의 연구에서, Pavlov는 고기와 소리를 짝짓기 시작했고, 육식 가루가 나타나지 않았을지라도, 종소리가 들린 후 개가 침을 흘리기 시작한다는 것을 알게 되었다. 이 경우 육식 가루가 자연적으로 타액 분비를 유발하게 됨으로 두 변수를 각각 무조건 자극(UCS) 및 무조건 반응(UCR)이라고 규정했다. 실험에서 종과 타액은 자연적으로 발생하지 않는다. 개는 종에 반응하도록 조절될 수 있다. 그러므로 종은 조건 자극(CS)으로 간주되고, 종에 대한 타액 분비는 조건반응(CR)으로 간주된다. 이는 1960년대부터 1980년까지 미국의 교육의 핵심 전략이 되었다. 긍정적인 자극과 긍정적인 환경이 그것이다.

| 파블로프의 조건반사 실험. 개에게 먹이를 줄때마다 종소리를 들려주면, 이후에는 종소리만 나도 바로 침이 나오게 학습되었다.

2) 융합상담심리 논의

Noam Chomsky의 1959년 행동주의에 대한 비판과 경험주의는 '인지 혁명'으로 알려진 것을 시작했다. 컴퓨터 과학의 발달은 컴퓨터의 계산 기능과 인간의 사고 사이의 유사점을 이끌어 낼 것이며 심리적 사고의 완전히 새로운 영역을 열게 될 것이다. Alen Newell과 Herbert Simon은 수년간 AI(인공지능) 개념을 개발한 후 인공 지능의 의미와 관련하여 인지심리학자들과 함께 작업했다. 효과적인 결과는 정신 기능의 프레임 워크 개념화(컴퓨터, 메모리, 저장 등)이다. 이 분야에 대한 공식 인정은 George Mandler의 1964년 인간 정보처리 센터와 같은 연구기관의 설립과 관련이 있다. Mandler는 2002년 Journal of the Behavioral Sciences에서 인지심리학의 기원을 기술했다. 초기 인지심리학에서는 행동주의 비평가들이 추구한 경험주의가 내부 정신 상태의 개념과 양립할 수 없다고 주장했다. 그러나 인지신경 과학은 생리학적 뇌 활동과 추정된 정신 상태 사이의 직접적인 상관관계의 증거를 수집하여 인지심리학의 기초를 보장했다.

20세기 말에 행동주의의 중심 교훈과 방법론은 꾸준히 발달되어 인지신경 과학으로 대체되었다. 이는 행동통제의 주요 원인이 생물체의 외부에 있다는 주장이다. 여기서 가정되는 것은 '사전 배선된' 신경계의 진화이다. 즉, 환경은 선택적으로 인식하고, 계산 방식으로 코드를 작성하거나 표현할 수 있으며, 두뇌에서 식별 가능한 '모듈식' 프로세스를 통해 환경을 인식할 수 있다는 것이다. 인지신경 과학이 이론 및 실험 영역에서 행동주의를 따라 잡으면 정신과 사회생활의 복잡성으로 인해 생각과 행동의 영역이 넓어졌다. Watson과 Skinner가 묘사한 바와 같이 행동 심리학의 언어로 암시된 삶은 대부분의 인간과 다른 많은 종에 의해 실제로 살았던 삶과 잘 어울리지 않다. 풍부한 사회, 자아, 자의식의 삶의 측면을 무시하거나 가치를 떨어뜨리는 것이 합리적이라는 생각이 문제가 된다.

융합상담심리 관점에서 행동주의 심리학은 인간의 행동의 변화를 위한 자극과 반응, 환경변화와 여건 조성을 위한 행동수정에 동의 한다. 그러나 인간이 단순한 반복자극에서 벗어 날 수 있는 "창조적 자아"를 가지고 있다는 것을 놓치지 말아야 한다. 인간은 HEBES가 서로 상호작용하는 가운데 진정한 변화를 추가 할 수 있고, 성장이 된다는 것이 필자의 입장이다.

7. 심리사회성 발달과 융합상담심리

1) 심리사회성 발달

프로이트의 정신성 발달 이론(psychosexual development theory)이 청소년기까지 설명하고, 성인기 이후는 별다른 언급이 없었던 것에 비해 에릭 에릭슨(Eric Erikson)은 청소년기 이후의 성인기를 초기 성인기, 중년기, 노년기로 나누어 전 생애를 다루었다. 에릭슨의 심리사회적 발달 이론(psychosocial development theory)은 모든 유기체는 특정한 목적을 갖고 태어났고, 성공적으로 발달하면 이 목적을 완수한다고 보는 후성설(後成說)을 기반으로 한다. 인간에게는 미리 정해진 8개의 발달 단계가 있는데, 모든 사람들은 유전적 기질을 바탕으로 사회적 환경과 상호작용하면서 한 단계씩 거친다는 것이 에릭슨의 주장이다. 각 단계를 성공적으로 완수하면 정상적이고 건강한 개인으로 발달해 나갈 수 있지만, 어느 단계에서 실패하면 그 단계와 관련한 정신적 결함을 갖고 살아가게 된다. 이때 발달 단계에 따라 발달 과업이 정해져 있고, 이를 해결하여 그 핵심적 가치를 달성했는지의 여부에 따라 발달 정도를 판단할 수 있다.

프로이트의 정신분석은 초기 아동기에 부모와의 경험을 가장 중요한 상호작용으로 보지만, 에릭슨의 이론은 그보다 넓은 사회적 경험들, 가족 외의 사람들과 맺는 인간관계의 경험들도 자아의 발달에 중요한 영향을 미친다고 했는데 이는 두 이론의 가장 큰 차이점이다.

심리사회성 발달 8단계

1단계는 생후 1년 사이에 경험하는 '신뢰 대 불신(trust vs. mistrust)' 시기다. 이 시기에 아기가 원하는 것을 일관되게 얻고 욕구를 만족스럽게 충족하며 자신이 안전한 곳에서 살아가고 있음을 경험하면, 이 세상을 살 만한 곳이라 신뢰하게 된다. 에릭슨은 인간의 가장 밑바탕에서 버팀목이 되어주는 덕목을 '신뢰' 이다.

2단계는 '자율성 대 수치심과 의심(autonomy vs. shame & doubt"2-3세)'이다. 이제 걸음마를 시작하고 세상을 탐색해 나가는 2세경의 발달 과제다. 환경에 대해 자유롭게 탐색하고 충분히 경험하여 성취감을 느끼면 자율성이 생기지만, 이때 부모가 지나치게 통제하고 혼내거나 겁주면 수치심과 의심을 갖는다.

3단계는 '주도성 대 죄의식(initiative vs. guilt:3-5)'의 시기

가 온다. 이 시기는 프로이트의 Oedipus기와 겹치는 시기로, 또
래들과 경쟁하고 자기가 원하는 것을 적극적으로 주장하는 동
안 아이의 주도성이 길러지는 시기이다.

4단계는 근면성 대 열등감(industry vs. inferiority:사춘기)의
시기는 초등학교에 입학하는 학령기 연령이다. 이때부터는 열심
히 노력하는 것을 통해 성취감을 맛보기 시작한다. 그리고 자기
가 노력한 만큼의 결과를 얻지 못하면 주변 또래집단에 비해
뒤떨어진다고 느끼게 되어 열등감이 생긴다.

5단계는 정체성 대 혼돈(identity vs. role confusion/청소년
기)의 시기가 온다. 내가 누구인지(Who am I), 또 사회에서 어
떤 역할을 할 수 있는지에 대한 개념을 형성하면 건강한 정체
성이 만들어지지만, 이를 해내지 못하면 혼돈의 심리상태에 빠
져서 모든 것을 부정하거나 정서적으로 큰 괴로움을 겪는다. 청
소년기에 꼭 경험해야 할 두 가지 과제, '소속감'과 '탐색' 이다.
이 시기는 소속감만 있고 탐색할 용기가 없으면 '정체성의 조기
마감(foreclosure)'이 일어나, 부모나 사회가 정해준 것 외의 다
른 것을 시도하지 못한다.

에릭슨은 특히 이 시기에 주요한 두 가지 과제가 있다고 말
했다. 하나는 자신이 어느 집단에 속하여 그 집단의 책임과 의
무를 완수하는 '소속감(commitment)'이고, 다른 하나는 가족의 울

타리 밖에서 새로운 것을 찾아보려고 시도하는 '탐색(exploration)' 이다. 이 두 가지를 모두 잘 해내면 성공적인 정체성을 형성하 게 되는 시기이다. 부모나 사회가 정해준 "너는 이런 삶을 살아 야 해"라는 것만 지킬 뿐, 그 외의 다른 것에 대해서는 시도해 볼 엄두를 내지 못한다. 모범생으로 자라서 대기업에 취업해 부 모가 원하는 배우자를 만나 결혼하는 삶도 이러한 예로 볼 수 있는데, 그런 경우에도 언젠가는 갑갑함을 느끼고 일탈을 시도 한다.

반면, '소속감'을 거부한 채 '탐색'만 하고 싶어 하는 사람은 '모라토리엄(moratorium)'에 머무른다. 어딘가 소속되어 해야 할 의무들을 거부한 채 그저 새로운 것만 찾아보겠다고 모든 발달 과제를 뒤로 하고 여행만 다니거나, 무엇이든 시도만 할 뿐 끝을 맺지 못하는 것이다. 취업을 미룬 채 계속 새로운 공부 를 하고 자격증을 따겠다고 준비만 할 뿐 무엇 하나 실체가 있 는 일을 하지 못하는 경우를 예로 들 수 있다.

에릭슨의 가장 널리 알려진 개념인 정체성 위기는 다섯 번째 단계에서 경험하게 되는 문제이다. 이 단계의 주된 과제는 우리 가 누구인지, 무엇을 소중히 여기는지, 인생에서 어디를 향해 나아가고 있는지를 고민하게 되는 정체성의 발달이다. 청소년기 에 우리는 자신의 정체성에 대해 혼란스러워한다. 이러한 혼란에 의해 만들어진 스트레스가 바로 에릭슨이 의미한 정체성의 위기이다. 그러나 대부분의 청소년들에게 있어 이러한 과정은 위기라기보다는 탐색 또는 탐구에 집중하게 된다. 청소년들은 자신의 정체성을 찾기 위해 여러 가지 다른 정체성들을 시험해 본다. 진정한 우리 자신을 찾는 것은 결코 쉬운 일이 아니지만 우리는 우리가 만족할 수 있는 진정한 정체성을 찾을 때까지 수많은 대안적 정체성을 발견해 나간다.

정체성 단계는 생산적인 성인이 되어 가는데 매우 중요한 단계이지만 발달은 여기서 멈추지 않는다. 에릭슨 이론의 가장 큰 공헌은 이 이론이 발달심리학의 연구를 청소년기를 넘어서 성인기의 단계(초기, 중기, 후기)까지 확대시켰다는 데 있다. 초기 성인기(청소년기가 끝나고 중년이 될 때까지)에 사람들은 부모로부터 독립하여 성숙하고 생산적인 성인으로서 기능하기 시작한다. 자신의 정체성을 확립하고 타인과 친밀한 관계 속에서 정체성을 공유할 준비가 되는 것도 바로 이 시기이다.

에릭슨 이론의 이러한 순서(정체성 확립 문제 이후에 오는 친밀성 문제)는 남성과 직업을 가진 여성에게 가장 잘 적용될 수 있는 것으로 밝혀졌다. 많은 여성들은 이 두 문제를 순서가 뒤바뀐 채로, 또는 동시에 해결한다. 여성이 결혼해서 아이를 낳고 이 아이가 어른이 되어 독립한 이후에야 자신의 정체성을 고민하게 되는 경우를 그 예로 생각해 볼 수 있다.

6단계 친밀감 대 고립감 20~40세 초기성인기에는 가족 외의 이성, 친구와 사회적 관계를 만드는 것이 중요하다. 이 시기는 친밀감 대 고립감'을 형성하는 시기로 중요 발달과업은 '나는 다른 사람에게 내 자신을 아낌없이 줄 수 있는가'이다 청소년기에 자아정체감이 확립되면 자신의 정체성을 타인의 정체성과 연결시키고 조화시키려고 노력하게 된다. 자신의 고립을 배우자, 부모, 동료 등 사회의 여러 다른 성인들과의 친밀감으로 극복하고자 한다. 그 과정에서 온정과 이해, 신뢰, 사랑을 받으면 친밀감이 형성된다. 그렇지 못하고 고독하거나 배척받으면 고립감이 형성되어 고립된 인생을 영위하게 되는 시기이다.

7단계는 중기 성인기(40-60세)의 위기는 생산성 대 침체감과 관계가 있다. '생산성'이란 다음 세대와 사회에 공헌할 만한 가치를 만들어 내는 것이다. 생산성은 다양한 형태로 나타난다. 생산적 활동에는 사회에 보통 사람들이 하기 힘든 지속적인 공헌을 하는 것 외에도 아이 기르기, 의미 있는 일에 종사하기, 후임 직원 교육하기, 시민 사회를 구성하는 데 공헌하는 일 등이 포함된다. 이시기에는 다른 성인들과 원만한 관계가 성취되면 중 장년기에 자신에게 몰두하기보다 생산적인 일에 몰두하고 자녀 양육에 몰두한다. 이러한 목적성과 생산성이 충족되고 인정받으면 생산성이 완성되지만, 이것이 원만하지 못하고 여유가 결여되고 퇴행하면 어릴 때와 마찬가지로 자신에게만 몰두하고 사회적, 발달적 정체를 면하지 못하는 침체성에 빠지게 된다.

8단계는 노년기로 '통합성 대 절망감'의 시기이다 발달과업으로는 '나는 내 평생 한 일과 역할에 대해 만족할 수 있는가'의 시기이다. 통합성은 인생을 그래도 인정하고 받아들여 인생에 대한 통찰과 관조로 자신의 유한성을 인정하고 죽음까지도 수용하는 것을 의미한다. 인생의 종결감을 맛보며, 통일성, 방향감을 갖게 되면 자아통합성을 이루게 된다. 그렇지 못하고 완성의 결여를 느끼거나 불만족하게 되면 인생의 짧음을 탓하게 되고 불가능함에도 불구하고 다른 인생을 시도해보려고 급급하게 되며 급기야 생에 대한 절망감에 빠져서 헤매게 된다. 에릭슨이론의 마지막 단계인 후기 성인기에는 자신의 삶을 반성하고 되돌아보면서 우리가 삶을 얼마나 충실하게 살았는지에 대해 생각한다. 자신의 삶에 만족하는 사람들은 인생의 완결성을 느끼면서 죽음에 직면할 수 있는 힘을 지니게 된다. 그러나 자신의 삶에 만족하지 못하는 사람들은 절망에 빠진 채 자신의 삶을 슬픔과 후회로 되돌아보며 죽음을 두려워하게 될 것을 강조했다.

에릭 에릭슨의 심리사회적 발달 이론	
단계(연령범위)	단계설명
기본적 신뢰 대 불신 (출생 - 1세)	유아는 그들의 기본적 요구를 돌봐 주는 타인을 신뢰하거나 불신하는 것을 배운다.
자율성 대 수치심과 의심 (1 - 2세)	아동은 용변훈련, 걸음마, 탐구와 같은 많은 활동을 통해 자부심을 느낀다. 그러나 아동은 지나친 제약을 받게 되면 자신의 능력을 의심하고 수치심을 느낀다.
주도성 대 죄의식 (3 - 5세)	아동은 주도성을 가지게 되고 이어서 책임감을 느끼는 것에 대해 배운다. 그러나 부모가 정해 놓은 한계를 넘게 되면 죄의식을 느낀다.
자신감 대 열등감 (5세 - 사춘기)	아동은 새로운 지적, 사회적, 물리적 기술을 완전히 습득함으로써 자신감을 갖게 되지만 그러지 못하면 열등감을 느낀다.
정체성 대 역할혼미 (청소년기)	청소년은 다양한 역할을 실험해 봄으로써 정체성을 발달시킨다. 역할 실험을 하지 못하면 역할 혼란을 느끼게 된다.
친밀감 대 고립감 (초기 성인기)	젊은 성인들은 타인과의 친밀한 관계를 형성하고 그러지 못하면 고립감을 느끼게 된다.
생산성 대 침체감 (중기 성인기)	중년의 성인은 그들의 일과 자녀양육을 통해 다음 세대에 도움을 주고 있다고 느낀다. 도움이 되지 못한다고 느끼면 침체감에 빠진다.
자아통합 대 절망감 (후기 성인기)	노년기의 인간은 자신의 삶을 평가하고 그들의 인생이 의미 있는 것이었음을 발견하여 완결성을 느끼는 한편 인생이 의미 없어 보이면 절망감에 빠진다.

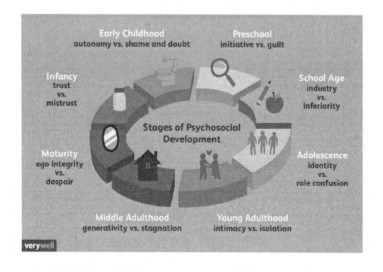

<에릭슨의 심리사회적 발달 단계>

2) 융합상담심리 논의

에릭슨의 사회성발달 8단계는 프로이트의 이론에 부족한 부분에 대해 보완 했다는 측면에서 동의한다. 융합상담심리는 에릭슨이 설명하고 있는 신뢰 대 불신, 자율성 대 수치심, 자아통합 대 절망에 대래 양립구도는 지향하지 않는다. 또한 긍정적인 부분이 인간발달의 필수요소라고 보지 않는다. 즉, 불신, 수치심과 의심, 열등감, 혼돈, 고립, 침체성, 절망의 정서 또한 인간 안에서 일어나는 감정이자 심성으로 긍정적인 관점으로 접근하고자 하는 것이 융합상담심리의 입장이다. 상담현장에서 보넌, 인간의 자아 탄력성, 자아 효능감 등이 반드시 긍정적인 정서만을 가지고 있다고 성장되는 것은 아니었다. 따라서 우리 안에서 표출되는 다양한 정서와 감정들이 어떻게 융합되고 HEBES가 되느냐에 따라서 긍정적인 결과를 가져 올 수 있다는 것이다. 다시 말해서 부정적인 정서는 버려야할 것 제거해야 할 것이라는 극단적인 접근은 지향하지 않는다. 긍정적인 정서는 장려하되, 부정적인 정서를 긍정적인 관점에서 융합할 수 있도록 창조적 자아의 역할을 기대하는 것이 융합상담심리의 입장이다.

8. 인본주의 심리학과 융합상담심리

1) 인본주의 심리학

인본주의 심리학의 대표적인 학자는 아브라함 매슬로우(Abraham Harold Maslow)의 생각은 건강한 사람의 이론이다. 그 이전의 대부분의 심리학자들은 비정상인과 아픈 사람과 관련되어 있었다. 그러나 매슬로우는 사람들에게 더 높은 욕구와 궁극적으로 자기실현에 대처하기 전에 그들의 기본적인 욕구를 인정하라고 촉구했다. 그는 긍정적인 정신 건강을 구성하는 것이 무엇인지 알고 싶었다. 인본주의 심리학은 사람들이 성장과 치유를 위한 내적 자원을 소유한다는 생각과 치료의 요지가 개인을 성취하는 데 장애가 되는 것을 제거하는 데 도움이 된다는 몇 가지 다른 치료법을 주장한다. 이 중 가장 유명한 것은 Carl Rogers가 개발 한 내담자 중심요법이다 .

인본주의 심리학의 기본원리

인본주의 심리학자은 과거를 검토하거나 미래를 예측하려고 시도하는 대신 여기에서 그리고 지금을 강조한다. 정신적으로 건강하기 위해서는 개인의 행동이 긍정적이든 부정적이든 개인의 책임을 져야한다. 인본주의 심리학은 존재하는 것만으로 각 사람은 본질적으로 동의한다. 인본주의 심리학은 자기개선과 자기이해를 통해서만 진정한 개인의 행복을 논한다. 인본주의의 심리학 이론은 인류의 긍정적 측면을 보고 인간의 자유의지를 믿는 사람들에게 적합하다. 이 이론은 프로이트의 생물학적 결정론 이론과는 분명히 대조된다. 또 하나의 중요한 강점은 인본주의 심리학 이론이 다른 사상 학교와 호환된다는 것이다. 긍정적 심리학을 주장하는 인본주의 심리학은 경험적 타당성 검증이 결여되어 특정 문제를 다루는데 있어 유용성이 결여되어 있다는 비판을 받고 있다. 즉, 중증 정신장애가 있는 사람들을 돕거나 진단하지 못할 수도 있다는 단점이 있다.

매슬로우의 심리학의 공헌은 인간의 욕구 단계이론이다. 매슬로우는 인간의 기본욕구부터 자아실형의 욕구에 대해 피라미드 유형을 들어 설명하고 있다. 피라미드의 맨 아래층은 생존을 위해 필요한 **생리적 욕구**들이다. 일단 이것들이 해결되면, 개인은 네 번째 층인 **안전의 욕구**에 집중하게 되며, **애정과 소속감**의 욕구, **존경을 위한 욕구**/소속 단체에서의 명예와 권력에 대한 욕구, 그리고 마지막이 **자아실현의 욕구**이다.

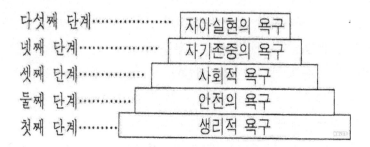

다섯째 단계 ················· 자아실현의 욕구
넷째 단계 ················· 자기존중의 욕구
셋째 단계 ·············· 사회적 욕구
둘째 단계 ············ 안전의 욕구
첫째 단계 ········· 생리적 욕구

자아실현의 욕구
존경의 욕구
애정과 소속의 욕구
안전의 욕구
생리적 욕구

양육
배우자 유지
배우자 획득
지위/존중
소속
자기 방어
생리적 욕구

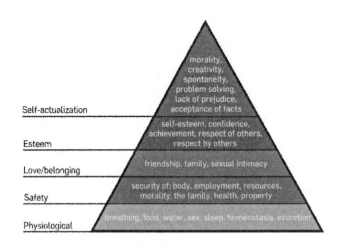

매슬로우는 자아실현을 이룬 사람들의 특징이 비슷한 성격을 가졌다는 것을 깨달았다고 주장했다. 이들 모두는 '현실 중심'이었기 때문에 사기성이 무엇인지를 정품과 구별할 수 있었다는 것이다. 그들은 또한 '문제 중심적'이었는데, 이는 삶의 어려움을 해결책을 요구하는 문제로 취급한다는 것을 의미한다. 이 개인은 또한 혼자서 편안하고 건강한 개인 관계가 있었다. 그들은 많은 수의 얕은 관계보다는 절친한 친구와 가족만을 가졌습니다.

자기실현적인 사람들은 스스로의 문제에 집중하는 경향이 있습니다. 진실하고 거짓된 것이 분명한 느낌을 가졌고, 자연스럽고 창조적이다. 사회관례에 너무 엄격하게 묶여 있지 않았다. 또한 이들은 현실에 대한 더 나은 통찰력을 가지며 자신과 다른 사람들과 세상을 깊이 받아 들였고, 또한 많은 문제에 직면했으며 충동적인 사람들이었다고 주장한다. 이와 같이 자기실현된 개인은 자신의 환경과 문화에 대해 매우 독립적이며 사적이었으며, 특히 '잠재력과 내부자원'에 대한 독자적인 개발이 있었다는 점을 주장한다.

Maslow는 자기실현적인 사람들의 특징

진실: 정직, 현실, 아름다움, 순수하고 깨끗하며 순전한 완전성,
선함 : 옳음, 바람직 함, 정직함, 자비심, 정직,
아름다움 : 정당성, 형태, 살아남음, 단순함, 풍요, 온전함, 완벽 완성품,
전체성 : 통합, 통합, 단일성, 상호 연관성, 단순성, 조직, 구조, 질서, 해리되지 않음, 시너지 효과,
이분법 : 초월성, 수용성, 결의, 통합, 극성, 정반대, 모순,
Aliveness : 과정, 죽지 않음, 자발성, 자기조절, 완전한 기능,
독창성 : 특이성, 개성, 비 비교 가능성, 신규성,
완벽함 : 불필요한 것없고, 부족한 것도, 올바른 곳의 모든 것, 정당함, 적합성, 정의,

필요성 : 필연성 : 그것은 단지 그렇게 해야 하며, 조금이라도 변하지 않아야 한다,

완료 : 결말, 정의, 이행,

공정 : 공정성, 적합성, 무관심, 비 편파성,

질서 : 정당성, 정당함, 완벽하게 준비됨,

단순함 : 알몸, 추상, 필수 골격,

풍부함 : 차별화, 복잡성, 복잡성, 전체성,

쉬운일 : 용이함; 긴장, 노력 또는 어려움의 부족,

Playfulness : 재미, 기쁨, 오락,

자급자족 : 자율성, 독립성, 자기 결정력, 자기실현의 역동성.

2) 융합상담심리 논의

융합상담심리는 매슬로우가 설명하고 있는 인간의 욕구 과정 자체에는 동의 한다. 그러나 각 단계가 만족될 때에 다음 단계를 추구할 수 있다는 본편적인 논리에는 동의하지 않는다. 왜냐하면, 인간은 생존의 욕구와 안전의 욕구가 충족되지 않는 상태에서도 자아실현의 욕구를 추구하는 경우 많기 때문이다. 따라서 융합상담심리는 매슬로우가 주장 각 단계가 어떻게 서로 상호작용 하여 융합하느냐의 관점에서 접근한다. 이는 Alder의 주장대로 인간 안에는 열등감을 극복하려는 욕구와 우월해지려는 욕구가 상호작용하기 때문이다.

9. 교류분석(TA)과 융합상담심리

1) 교류분석

인본주의적 인간관에 기반을 둔 교류분석(transactional analysis)은 미국의 정신과 의사 에릭 번(Eric Berne)에 의해 시작되었다. 교류분석은 개인의 성장과 변화를 위한 체계적인 상담이론이다. 에릭 번이 개발한 교류분석은 원리를 프로이트의 정신분석에 두면서 집단요법과 자기분석이라는 간편한 정신분석법이다. 교류분석은 자아 상태를 분석하는 것으로 구조분석, 2명 이상의 인간관계/사이를 분석하다하여 교류분석이다. 또한 인간교류의 표면적 교류와 내면적 교류의 관계에서 인간교류를 분석한다고 해서 게임분석이라고도 한다. 즉, 인생게임을 표면과 내면의 양면에서 해석해 나가는 방법이다. 즉, "kick me (나를 차 주세요)"라던가 "Yes, but(네, 하지만)"과 같은 명칭이 붙여진 게임이 분석된다. 이밖에 교류분석에서는 각본분석이라고 해서 어린 시절의 부모와 아이와의 교류를 분석하는 방법도 있다(교류분석, 간호학대사전, 1996).

교류분석은 성격이론으로서 사람들이 심리학적으로 어떻게 구조화되어 있는지를 우리에게 하나의 그림으로 보여 주는데,

이를 위해 자아상태 모델이라고 알려진 세 가지 모델을 이용한다. 이 모델은 사람들이 어떻게 기능하는지, 즉 행위의 측면에서 보아 사람들이 자신의 성격을 어떻게 표현하는지를 이해하는 데 도움을 준다.

교류분석의 인간이해는 첫째, 사람은 'OK' 이다. 사람은 그들 자신의 운명을 결정할 수 있고, 이 결정은 변화될 수 있다. 둘째, 모든 사람은 생각할 수 있는 능력을 가지고 있다. 뇌에 심각한 손상을 입은 사람을 제외한 모든 사람은 생각할 수 있는 능력이 있다. 그러므로 우리 각자는 삶에서 원하는 것을 결정한 것에 대한 책임이 있다. 각 개인은 궁극적으로 자신이 결정한 것의 결과에 따라 살아가게 될 것이다. 셋째, 결정(decision) 모형이다. 교류분석에서는 어른이 명백하게 스스로 패배하는 행동을 하거나 계속적으로 괴로운 감정을 느끼는 것에 대해 어린 시절에 결정한 전략을 따르고 있는 것이라고 본다. 사람은 어린 시절의 초기 결정에 책임이 있기 때문에 나중에 그는 어떤 결정도 변화시킬 수 있다. 즉, 재결정(re-decision)이다. 만약 유아기에 한 초기 결단이 어른이 되어서 그의 삶에 편치 않은 결과를 초래한다면, 그 시대에 뒤떨어진 결단을 추적하여 그것들을 새롭고 더 적절한 것으로 변화시킬 수 있다는 것이다.

어떠한 자아 상태에서 인간관계가 교류되고 있는가를 분석하

여 자기 통제를 돕는 심리요법의 하나이다. 번(Bern)에 의해
창시되었으며 정신분석의 언어적 재구성으로 평가된다. 부모,
어른, 아동의 자아 상태에서 이루어지는 인격의 구조분석과 기
능이론에 근거하지만 관찰 가능한 현실의 수준으로 분석하는
것이 다르다. 심리게임인 교류의 성립, 아동기의 부모자녀관계
를 통해 정해지는 행동유형 등을 주요한 개념으로 한다.

 교류분석은 일상적인 생활문제부터 심각한 정신장애에 이르
기까지 어떤 유형의 심리적 장애라도 치료할 수 있다고 말한다.
교류분석은 개인상담, 집단상담, 부부상담, 가족상담 등에도 모
두 적용할 수 있고, 임상적인 장면 외에 교육적 상황에서도 활
용할 수 있다. 또한 교류분석은 교사와 학생들이 분명하게 대화
하고 비생산적인 직면을 피할 수 있는 방안을 제시해 준다. 그
리고 경영과 대화훈련 및 조직분석에 탁월한 도구로 알려져 있
으며, 전 세계의 수많은 기업이 연수 프로그램에 활용하고 있
다. 그 외에 사회복지 기관, 경찰서, 보호관찰소, 교회 등에서도
유용하게 활용할 수 있다. 교류분석은 개인, 관계, 소통에 대한
이해가 필요한 곳이라면 어디에든 활용할 수 있다.

 거래에 초점을 둔 TA는 내부 심리역학에서 사람들의 상호
작용에 포함 된 역동성으로 관심을 전환했다. 교류분석은 무의
식적으로 개최 된 아이디어의 내용에 대한 인식이 높아지는 것

이 치료 경로라는 것을 믿기보다는 TA는 사람들과의 상호작용 내용과 정서적 문제에 집중했다.

TA는 개인의 최종 정서상태가 이미지가 내면의 감정상태의 결정적 결정요인 인 프로이트 이론에 반대되는 것으로, 정신의 다른 부분 들 사이의 내적대화의 결과라고 설명하는 프로이트 분석과 다르다. 예를 들어, 우울증은 내면의 부모로부터 내면의 어린이에게 계속되는 비판적인 구두 메시지로 인한 것일 수 있다. Berne는 이러한 내면의 대화를 확인하는 것이 상대적으로 쉽고, 그렇게 할 수 있는 능력이 어린 시절에는 부모가 억압되어 있다고 믿는다. Berne는 환자를 이해하는 것보다 환자를 "치료"하겠다는 약속을 믿는다. 교류분석이 가장 중요하게 생각하는 것은 계약이다. 계약은 고객과 치료사가 고객이 원하는 특정 변경 사항을 추구하기 위해 체결한 계약이다.

Berne는 개인이 서로 어떻게 상호 작용하는지, 그리고 자아 상태가 각 거래 집합에 어떻게 영향을 주는지를 고려했다. 비생산적인 또는 비생산적인 거래는 자아상태 문제의 징후로 간주되었다. 개인의 발달 이력에 따라 이러한 거래를 분석하면 그 사람이 "나아질 수 있다". Berne는 사실상 모든 사람이 자아 상태에 대해 문제가 있으며 부정적 행동은 문제가 있는 사람 만 "치료"함으로써 해결되지 않을 것이라고 생각했다.

교류분석의 철학은 사람들은 괜찮다. 따라서 각 사람은 타당
도, 중요성, 존중의 평등을 가진다. 긍정적인 보강은 감정을 증
가시킨다. 모든 사람들은 기본적인 사랑스러운 핵심과 긍정적
인 성장에 대한 열망을 가지고 있다. 모든 사람(뇌 손상이 심한
경우를 제외하고는 예외가 거의 없음)은 생각할 수 있는 능력
이 있다. 개인의 많은 면들은 모두 어떤 면에서 긍정적인 가치
가 있다. 사람들은 그들의 이야기와 운명을 결정한다. 따라서
이러한 결정은 바뀔 수 있다. 모든 정서적 어려움은 치료할 수
있다.

교류분석의 자아 상태는 우리의 성격 즉 부모, 성인 및 자녀
자아 상태에 대해 3가지 측면 또는 '자아–상태'를 가지고 있다.

부모자아 상태

부모자아 상태는 우리가 부모님과 중요한 사람들에게서 베낀
감정, 생각, 행동의 집합이다. 성장하면서 우리는 부모와 보호자
의 생각, 신념, 감정 및 행동을 도입한다. 확대 가족에 살고 있
다면 영향을 받고 배울 사람들이 더 많게 된다. Berne은 이것
을 투사(introjecting)라고 했다. 마치 성장과정에서 보모가 아
이를 보는 것과 같은 것이라고 설명했다. 예를 들어, 우리는 아

버지, 어머니, 할머니가 의식적으로 할지라도 우리가 원하지 않는 것처럼 말하고 있다는 것을 알 수 있다. 우리는 이 가족과 오랫동안 살았기 때문에 우리가 말한 특정 사물을 자동적으로 재생산하거나 다른 사람들을 대할 때 처신 할 수 있다. 그것은 마치 누군가가 녹음해서 'play'를 누른 것처럼 우리는 우리가보고 들었던 것을 의심 없이 재생하게 된다. 부모자아 상태는 과거에 뿌리를 두고 있다.

우리가 재생할 수 있는 부모는 양육하는 부모와 지배하는 부모이다. 양육하는 부모는 배려하고 염려하며 종종 남성의 모습으로 나타난다. 그들은 어린이의 만족을 유지하면서 안전한 피난처와 자녀의 문제를 진정시키는 무조건적인 사랑을 제공하려고 노력한다. 지배 학부모는 학부모가 원하는 대로 할 수 있도록 자녀를 만들려고 한다. 이는 가치 또는 신념을 전수하거나 자녀가 사회에서 이해하고 생활 할 수 있도록 도와준다. 이 유형은 또한 어린이를 희생양으로 사용하여 부정적인 의도를 가질 수 있다.

성인자아 상태

성인자아 상태는 합리적이고 적극적으로 말하고, 다른 사람들을 공격적으로 통제하거나 반응하지 않으려 고하는 성장한 합리적인 사람이다. 성인은 그/그녀 자신에게 편안하고 많은 사람들에게 '이상적인 자아' 이다. 성인 자존심 국가는 여기 그리고 지금의 현실을 다룬다. 성인자아는 과거와 관련이 없는 유일한 자존심 상태이다. 성인 자존심 상태는 우리의 과거에 의해 건강에 해로운 영향을 받지 않는 방식으로 현재의 것들을 다룰 수 있다. 성인 자존심 상태는 친밀감을 위한 능력을 가지고 자발적으로 인식되고 있다. 성인/어른은 우리가 그들에게 투사하는 것보다는 사람들을 그대로 볼 수 있다. 성인은 무서워하거나 가정을 하기 보다는 정보를 요구한다.

아이자아 상태

아동 자존심 상태는 과거에 뿌리를 두고 있으며 어린 시절 경험 된 생각, 감정 및 행동을 재생하게 된다. 예를 들어, 상사가 우리를 사무실로 부르면, 내가 무엇을 잘못한 것이 있는가를 궁금해 한다. 이 자동적 사고에 대한 이유를 탐구해야 한다. 세 가지 유형의 어린이가 있다 :

자연 아이: 이 아이의 유형은 크게 되지 않은 자기를 인식하고 그들이 만드는 비 음성의 소리 (지루해, 우, 후 등)를 특징

이 있다. 그들은 노는 것을 좋아하고 개방적이다.

리틀 Professor: 이 아이의 유형은 부모의 등쌀에 자신을 제어 한다. 그리고 항상 새로운 일을 시도하는 호기심과 탐구 아이이다. Natural Child와 함께 그들은 Free Child이다.

적응아이: 이 아이의 유형은 주어진 상황에 맞게 자신을 변화하여 적응한다. 아주 좋은, 또는 그들이 느끼는 힘에는 거역하고, 나쁜 상황과 주변 세계에도 적응하고 반응한다.

학부모 자아와 자녀자아 상태는 지속적으로 업데이트 된다. 교유분석(TA) 심리치료는 성인자아 상태를 새로운 정보로 업데이트하고 자녀 또는 부모 자아상태 아이디어에 도전하는 많은 작업을 시도하게 된다.

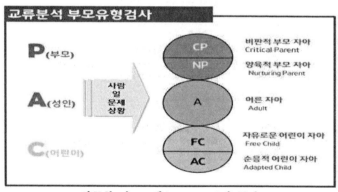

한국형 이고그램(K-KSEG)의 특징

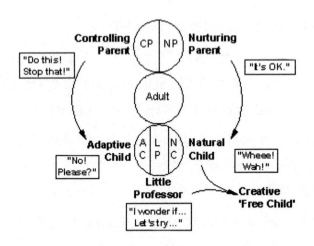

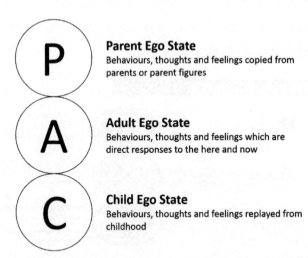

Parent Ego State
Behaviours, thoughts and feelings copied from
parents or parent figures

Adult Ego State
Behaviours, thoughts and feelings which are
direct responses to the here and now

Child Ego State
Behaviours, thoughts and feelings replayed from
childhood

2) 융합상담심리 논의

융합상담심리는 TA가 설명하고 있는 부모자아, 성인자아, 어린이 자아에 대한 구분에 동의한다. 그러나 TA가 구분하고 있는 어떠한 자아는 성장되어야 하고, 어느 자아는 소멸되기를 바라는 부분에 대해서는 동의하지 않는다. 왜냐하면, 인간은 자신의 문제 해결을 위한 방어기제로 다양한 자아를 활용할 수 있기 때문이다. 인간이 문제를 해결할 때에 반드시 어른스럽고 성숙해야만 되는 것은 아니다. 때로는 어린아이 같은 발상과 사고 자체가 거대한 문제를 쉽게 극복하고 대처 할 수 있기 때문이다.

10. 형태주의 심리학과 융합상담심리

1) 형태주의(게슈탈트) 심리학

게슈탈트 심리학(독: Gestaltpsychologie)은 심리학의 한 학파이다. 인간의 정신을 부분이나 요소의 집합이 아니라 전체성이나 구조에 중점을 두고 파악한다. 이 전체성을 가진 정리된 구조를 독일어로 게슈탈트(Gestalt)라고 부른다. Max Wertheimer의 연구에서 시작된 Gestalt 심리학은 부분적으로 Wilhelm Wundt의 구조주의에 대한 반응으로 형성되었다. Wundt가 가능한 한 가장 작은 부분으로 심리적 문제를 분해하는 데 관심이 있었지만, Gestalt 심리학자는 대신 마음과 행동의 전체를 조사하는 데 관심이 있었다. 게슈탈트 운동의 기본 원리는 전체가 그 부분의 합보다 더 큰 것이었다. 형태주의 심리학 분야의 발전은 Immanuel Kant, Ernst Mach, Johann Wolfgang von Goethe 등 많은 사상가들의 영향을 받았다.

게슈탈트의 4가지 법칙은 근접성의 법칙, 연속성의 법칙, 유사성의 법칙, 폐쇄성의 법칙이다. 게슈탈트 심리학자들은 인간의 인식이 어떻게 작동하는지 더 잘 이해하기 위해 유사성, 근접성, 연속성 및 폐쇄성 등의 법칙을 비롯하여 지각조직의 여러 법률을 제안했다.

유사성의 법칙은 유사한 항목이 함께 그룹화 되는 경향이 있음을 나타낸다. 장면의 여러 객체가 서로 비슷한 경우 자연스럽게 그룹화 하여 전체적으로 인식한다. 예를 들어 일련의 원 또는 사각형을 함께 쌓아 올리면 개별 모양이 아닌 일련의 열로 표시된다.

근접성의 법칙은 서로 가까이 있는 사물들이 하나의 집단으로 간주되는 경향이 있음을 암시한다. 예를 들어 서로 가까이서 있는 사람들이 많다는 것을 알게 되면, 그들이 모두 같은 사회 집단에 속해 있다고 즉시 추측 할 수 있다. 예를 들어 식당에서 주인 또는 여주인은 대기실에서 서로 옆에 앉아있는 사람들이 함께 앉아 있다고 가정하고 앉을 준비가 되었는지 물을 수 있다. 실제로 대기실에 작은 공간이 있거나 열려있는 유일한 자리이기 때문에 서로 가까이에 앉아있을 수 있다.

게슈탈트 심리학은 또한 인간의 지각이 단지 우리 주변의 세계에 실제로 무엇이 있는지를 보는 것이 아니라는 생각을 소개하는 데 도움이 되었다. 우리가 인식하는 대부분은 우리의 동기와 기대에 크게 영향을 받는다. 형태주의는 부분 혹은 요소의 의미가 고정되어 있다고 보지 않고 부분들이 모여 이룬 전체에 따라 달라진다고 본다. 전체는 또한 부분에 의해 달라지게 되어 형태주의는 전체와 부분의 전체성 혹은 통합성을 강조한다.

전체는 부분들의 단순한 합(合) 이상의 특성들로 구성되어 있고 물리적, 생물학적 또는 심리학적 현상들이 통합(configure:배열)되어 있다. 허버트 리드(Herbert Read)의 이러한 이론은 콜리지(S. T. Coleridge)의 예술작품론과 상응한다.릭슨의 이론은 발달 이론이기 때문에 성격이론을 다루게 될 다음 장 보다는 여기에서 논의하는 것이 좋겠다. 사실 에릭슨이 아동기와 청소년기에 그치지 않고 3단계에 걸친 성인의 발달과정을 그의 이론에 포함시킨 것은 전 생애의 걸친 발달 연구가 더욱 많이 수행되도록 하는 데 중요한 역할을 하였다.

형태주의 치료의 중심에는 "인식"의 진흥이 있다. 개인은 자신의 감정과 행동, 그리고 현재와 현재의 환경에 미치는 영향을 인식하도록 권장한다. 그 또는 그/그녀가 현재 환경과의 접촉을 피하거나 방해하려는 방식은 심리적 교란에서 회복 할 때 중요한 요소로 간주된다. 개인은 현실의 일부로서 자기 인식에 집중시킴으로써 새로운 통찰력이 그들의 행동으로 만들어 질 수 있고 자기 치유에 관여 할 수 있다.

형태주의 심리학은 인간을 분해 할 수없는 존재로 여긴다. 우리는 신체를 고려하지 않고 마음으로 일할 수 없다. 이 둘은 특정 자세와 관련된 특정 감정과 밀접하게 관련되어 있다. 자기실현 (self-actualization)은 개인이 점차적으로 자기 자신과 그 모든 것을 의미하는 것으로 점차 진행된다. 일반적으로 우리는 우리 자신의 더 큰 부분을 알지 못하며 단지 적은 부분으로 만 식별한다는 것이다. 예를 들어, 극단적인 경우 자신의 직무와 관련하여 지나치게 식별 된 사람은 자신의 전문성, 직위, 권한, 책임, 능력, 조직 등을 통해 자신을 정의 하게 된다.

접촉경계

형태주의 심리학의 인간은 주변 환경과 관계를 맺는다. 이 관계는 경계로 정의한다. 이 경계는 자기와 비자기 사이의 구별을 가능하게 하지만, 또한 접촉이 일어나는 영역이기도하다. 게슈탈트 치료법에서는 자아 경계 또는 접촉 경계로 정의된다. 게슈탈트 치료에서는 다른 사람들과의 관계가 이 경계에서 이루어진 것으로 간주한다. 그것이 건강한 방식으로 일어날 때, 경계는 유연합니다. 그것은 우리가 당신과 구별 할 수 있다는 것을 의미한다. 우리는 우리를 둘러싸고 있는 사람들과 적절한 필요를 조율 할 수 있으며, 우리는 서로의 필요와 소망에 따라 완전한 사람으로 서로를 볼 수 있다. 일반적으로 타인과의 관계에서 우리는 각각 다수의 이해 상충의 대상이 된다.

대부분의 경우, 개인적−사회적 갈등은 우리의 필요와 다른 사람들의 요구 사이에 충돌로 직면하게 된다. 의무의 개념은 특정한 상황에서 해야 할 일에 대한 이상으로 변해야 한다. 우리는 다음 의무에 해당하는 관계에 대한 엄격한 공식을 만든다. 시간이 갈수록 점점 더 단단해 진다. 게슈탈트 치료법에서 이러한 강성은 성격이라고 한다. 성격의 구조는 장기적으로 다른 사람들과의 의사소통에 장애가 되는 유연한 형태의 관계이다.

접촉 경계의 또 다른 중요한 측면은 식별 및 소외로 알려진 현상의 기능이다. 게슈탈트 치료는 우리가 종종 우리 자신의 진정한 자아의 작은 부분으로만 식별 할 것을 제안한다. 이것은 우리 자신과 다른 사람들이 보는 방식에 영향을 미친다. 우리는 자신의 특정 성격이 다른 성격에 속한다는 가정을 한다. 우리는 현실에서 그들이 또한 자신의 일부일 때 다른 사람들에게만 속한 좋은 자질을 고려할 수 있다. 이것은 또한 소외로 알려진 현상을 일으킨다. 예를 들어, 우리 자신의 결함을 볼 능력이 없을 때, 우리는 다른 사람에게서 그것을 볼 때 그것을 비판하는 경향이 있다는 것이다.

유기체 자기 조절

유기체를 지능형으로 간주 할 때, 제어하거나 조작하려는 시도는 유기적인 불균형을 야기한다. 심리적 문제의 대부분은 이러한 조작이나 통제의 필요성에서 비롯된 것으로 생각한다. 치료 원리는 먼저 유기체가 자연적으로 스스로 조절할 수 있도록 통제를 중지시킨다. 기본적으로 변화를 이끌어내는 어떤 시도도 사람의 컨트롤러 부분이 목표를 얻으려고 시도하지만 그 통제를 거부하는 다른 상대방과 마주하는 반대 효과를 창출한다는 믿음이 있다.

정신 치료 요법

게슈탈트 치료의 목표는 사람과 잠재력의 최대한 활용을 가로막는 장애물 제거를 용이하게 하는 것이다. 게슈탈트 치료의 기술과 태도는 환자가 생존 능력을 회복 할 수 있는 공간을 조성한다. 이런 식으로 사람은 자신을 인식하고 다른 사람과의 상호작용, 순간에 살고 그들의 행동에 대한 책임을 떠맡을 것을 알 수 있다. Perls의 경우 전체 설명이나 가능한 해석에 대한 적절한 경험은 이러한 의미에서 치료적 또는 교정적인 것이 된다. Claudio Naranjo는 태도, 주의력 및 책임이라는 세 가지 기본 원칙에 따라 게슈탈트 치료법을 체계화하여 환자가 치료를 통해 지속적으로 이러한 원칙으로 활용하게 만든다.

실제(here & now)

게슈탈트는 과거(추억) 또는 미래(계획)에 과도한 집중은 현재와 관련하여 도피의 한 형태로 본다. 이 둘을 가진 이 환상들은 우리가 무언가를 해결할 수 없거나 완전히 실험 할 수없는 현재 순간으로부터 탈출의 한 형태로 종종 나타난다는 것이다. 따라서 형태주의 심리는 현재의 순간 외에는 아무것도 존재하지 않는다고 믿는다. 따라서 게슈탈트 치료는 여기에 두 가지 방식으로 초점을 맞추고 있다. 한편으로는 내담자의 인식 분야에 있는 모든 것을 표현하고 그에 대한 치료 작업을 주장한다. 다른 한편으로는 과거나 미래에 대한 presentation, 또는 꿈에서나 심지어는 미래의 환상에서나, 일반적으로 환상적인 과거 장면의 presentation을 통해 이루어진다는 점이다. 이것은 몸짓, 자세 및 언어양식을 통해 현실로 만들어 짐에 초점을 두고 있다.

태도/주의(자기실현)

지형게임을 지각의 기초로 가정할 때, 게슈탈트 치료는 이 둘 사이의 침투성을 달성하려고 시도한다. 이것은 알려지지 않은 수용력이 회복되어 관심의 근거를 형성하는 사회(성격)와 관련된 엄격한 방법을 부드럽게 해준다. 이런 식으로 내담자는 자신의 감정, 생각, 몸자세, 호흡 리듬, 신체 감각 등을 인지하고 일상적인 경험을 향상 시키도록 권장 받게 된다.

책임

게슈탈트의 주요 아이디어는 비난의 개념(책임과 의무와 관련 있음)을 책임(유기체의 자기규제와 관련 있음)으로 대체하는 것이다. 이것은 매체와의 관계에 융통성을 부여하여, 필요와 환경 사이의 자연스런 평형을 허용하여 자신의 필요와 환경 사이의 자연스런 평형을 허용한다. 게슈탈트 요법은 고객의 독립성을 강조하며, 자신의 발전을 책임질 수 있도록 한다. 이는 게슈탈트 요법의 역할에 기여하며, 게슈탈트가 고객의 건강에 책임이 있거나 고객 및 그의 능력에 대한 자신감을 부여하는 척하기보다는 치료 과정의 촉진자 또는 안내자로서 더 많이 이해한다. 이 방법으로 두 가지와의 의존 관계를 생성하는 것을 피하고 개인 성장을 위한 긍정적인 관계를 위한 모델을 만든다.

게슈탈트 치료의 도덕적 금지 명령

지금 살아 있고, 현재에 머물러라.
여기서 살고, 현재와 함께.
상상을 멈추고 현실을 경험하십시오.
불필요한 생각을 멈추십시오.
설명, 정당화 또는 판단보다는 표현하기.
불쾌감을 주지 마십시오. 귀하의 인식을 제한하지 마십시오.
자신의 행동, 감정 및 생각에 대해 전적인 책임을 져야합니다.
당신이 지금 누구인지 밝히십시오.

2) 융합상담심리 논의

융합상담심리는 게슈탈트에서 인간을 전체성 관점에서 보는 것에 전적으로 동의 한다. 그리고 인간의 책임성과 자기실현, 현재의 자신을 바라보는 관점에 동의한다. 그러나 융합상담심리는 게슈탈트에서 주장하는 here & now, 즉, 지금 이 시간에 문제 해결과 극복을 추구하는 부분에서 한 박자 쉬는 것을 지향한다. 다시 말해서 한 개인의 문제가 바로 해결되는 것도 중요하지만, 자나고 보면, 천천히 해결되었으면 좋았을 것을 하는 부분도 있기 때문이다.

11. 사회적 인간(social man)과 융합상담심리

1) 심리철학 관점과 사회적 인간

철학적로 인간은 사회화될 수밖에 없다. 사회적 인간의 이론은 사회집단의 이론과 밀접한 관계를 가진다. 인간은 집단 속에서 태어나 여러 집단에 소속되고 여러 집단을 형성한다. 인간의 사회화의 최초 시작 집단은 가정이다. 가정은 학교로 사회로 국가로 세계로 우주까지 이어진다는 것이 Adler의 주장이다. 인간의 사회적 욕구는 애정, 우정, 집단에의 귀속, 다른 사람으로부터의 존경 등을 원하는 욕구를 지닌 존재로 파악하는 관점을 말한다.

인간은 동물에 비하여 자신을 보호할 수 있는 신체적 능력이 여략하다. 인간은 살아가는 데 필요한 도구를 스스로 만들어 사용할 수 있다. 인간은 말과 글, 비언어적 상징체계를 활용하여 다른 사람과 의사소통 하는 능력을 향상시킨다.

인간은 발달된 지능을 기초로 사회생활에 필요한 행동 양식을 학습하여 행동하게 된다. 인간은 사회 안에서 서로 관계를 맺고 더불어 살아가며 영향을 주고받는 과정에서 인격적으로 인간답게 성장하게 된다. 사회화는 인간이 성장하면서 자신이 속한 사회의 생활양식인 언어, 규범, 가치관 등을 배우는 과정이다.

인간의 사회화는 개인이 속한 집단과의 상호 작용을 통해 이루어진다. 따라서 인간의 사회화는 환경에 따라 사회화의 결과가 달라질 수 있다. 따서 인간의 사회화는 태어나는 순간부터 성인이 된 이후까지 일생에 걸쳐 이루어진다는데 융합상담심리의 입장이다.

인간은 생물학적 존재로 태어나지만 사회화 과정을 통해 인간다운 인간으로 성장하게 된다. 한 인간은 다른 사람과의 상호 작용을 통해서 사회화 되어간다. 이 과정에서 한 개인은 각자의 독특한 개성과 자아를 형성하게 된다. 인간은 다른 사람과의 상호관계 속에서 갈등하고 적응하는 가운데 사회생활에 필요한 행동양식과 규범 등을 습득하고 내면화 하고 성장 해 나아간다. 그 이유는 인간은 그 자신의 진정한 본성과 인간다움을 그가 몸담고 있는 사회적 관계 틀 및 맥락 내에서 깨닫고 실현하기 때문이다. 인간의 행복은 인간이 가지고 있는 사회적 본성을 십분 발휘할 때에 성립된다고 할 수 있다. 융합상담심리는 인간의 사회화는 한 개인이 스스로 되는 것이 아니라 서로 상호융합적인 관계 속에서 될 수 있다.

2) Adler의 사회적 관심과 융합상담심리

Adler는 인간은 누구나 선천적으로 사회적 관심(social interest) 즉, 공동체 의식(community feeling)을 가지고 태어난다는 것을 주장했다. 이는 1918년 Adler가 소개한 심리학에 핵심 개념이다. 이러한 Adler의 입장은 인간의 행동이 선천적 본능(inborn instincts)에 의해서 움직인다는 S. Freud의 견해와 선천적 원형(inborn archetypes)에 지배된다는 G. Carl 과는 대조적으로 사회적 요구(social urges)에 의해서 동기가 유발된다는 것을 가정한 것이다(Hall et al., 1978, 159).

Adler의 사회적 관심의 이론은 인간 각 개인에서 시작되어 가족, 지역사회로 점점 더 큰 체계의 의미로 발전되어 멈추지 않는 인류 공동체 의식에게로까지 확산된다. 즉, Adler가 주장하는 사회적 관심은 공동체 의식과 관심(community feeling and interest), 공동의 직관(communal intuition), 사회적 의식과 관심(social interest and feeing), 사회적 감각과 결속력(social sense and sense of solidarity)을 의미한다. 이는 독일어 "게마인샤프트-게퓔(Gemeinschafttsgefuhl)가 주는 뜻을 해석 한 것으로 **"친밀하고, 상호배려 적이며, 활발한 사회적 관심을 가지고, 그러한 관계를 형성하고자 하는 열정적인 인간의 기**

본적인 욕구"를 의미한다(Adler, 1956, 126, 133-134). 더 나아가서 인간은 공동체의 소속감으로 인류와의 동일시하는 감정과 전 세계 사람들과의 감정이입(empathy)을 의미한다. 이것은 각 개인이 공동체의 목표에 협조하고 기여해야 한다는 것으로 설명된다(Adler, 1998. 34-35., Hjelle L. A. 116).

Adler의 공동체 의식에 대해서 L. A. 젤리와 D. J. 지글러는 각 개인이 이상적인 공동사회의 목표를 달성하고자 사회를 돕는 것으로 **"받는 자보다 주는 자에게 복이 있다."**(신약성경 사도행전 20장 35절) 라는 성경에 표현과 같이 **"나누어주고 봉사하는 생활 태도"**를 의미한다고 설명했다(Hjelle L. A. 117).

Adler는 공동체 의식을 *"To see with the eyes of another, to hear with the ears of another, to feel with the heart of another.: 다른 사람의 눈으로 보고, 다른 사람의 귀로 듣고, 다른 사람의 가슴으로 느끼는 것"*으로 정의했다(Adler, 1979, 42). 이는 타인들을 이해하고 그들의 복지를 생각하는 것으로 정신건강의 기준이 된다는 것으로 해석된다. 이러한 공동체 의식을 위한 잠재능력은 선천적인 것으로 아이에 대한 어머니의 관심 정도와 아이가 처한 환경에 수용성에 따라서 발달되어진다는 것이 Adler의 주장이다(Adler, 1992, 309). 융합상담심리는 Alfred Adler의 입장에 전적으로 동의 한다.

세계와 우주

개인   공동체의식

가족이웃   사회와 국가

사회적관심

2) 융합상담심리 논의

융합상담심리는 Adler가 주장하는 사회적 관심, 공동체 의식에 전적으로 동의한다. 인간은 나면서부터 사회성, 관계성을 배우게 되는데 이 과정을 통해 가족단위, 사회, 국가, 세계 시민으로 건강하게 살아가는데 목적이 있다. 사회성 과정에는 공감, 소통, 배려, 책임 등의 덕목이 중요하다. 따라서 융합상담심리는 Adler가 주장하는 인생의 의미 사회적 관심의 핵심 이론에 동의하는 가운데 HEBES의 이론을 지향한다.

Adler는 인생의 문제를 성공적으로 해결하는 데 있어서 사회적 관심이 절대적이라고 강조했다. 인간이 삶을 살아감에 있어서 사회적 관심(다른 사람에 대한 관심)을 갖지 않는다면 공동체의 삶에 큰 문제가 일어난다는 것이다. 인간은 언제나 의미 있는 삶을 추구하면 행동한다. **각 개인은 독특한 개인적인 의미를 가지고 있으며, 그 인생의 의미는 모든 행동, 표현방식, 야망, 습관, 성격의 특징과도 결합**하여 나타난다는 것이다.("meaning of life" and that all his postures, attitudes, movements, expressions, mannerisms, ambitions, habits, character traits accord with this meaning.) 애들러가 주장하는 인생의 진정한 의미는 **"인류를 위한 진정한 의미**(meaning true for mankind)" 이다(Adler, 1931, 4., 1964b, 269-271).

Adler에게 있어서 인생은 **동료들에게 관심을 갖는 것이며, 전체의**

일부가 되는 것이며, 인류의 복지에 공헌하는 것이다"Life means-to be interested in my fellow men, to be part of the whole, to contribute my share to the welfare of mankind" 7-8). 즉, 인생의 의미는 인류의 다른 사람들과 관계에 의해서만 진정한 의미라는 것이다.

Adler는 모든 인간은 서로가 새 개의 중요한 관계(main ties)를 가지고 있다고 언급했다. 그 첫 번째가 인간은 지구상에 함께 살고 있다는 사실이다. 이 사실은 우리 자신의 생명 및 인류복지를 위해서 시야를 넓게 가져야 한다는 것이다. 두 번째는 우리 주변에 다른 사람들이 살고 있기 때문에 그들과 관계를 맺으면서 살아간다는 것이다. 따라서 개개인은 자신의 약점과 모든 한 한계로 인해서 혼자 스스로 자신의 목표를 이루어 나아갈 수 없기 때문에 교제해야 한다는 것이 Adler의 주장이다.

인간은 자신의 약함과 불안정, 그리고 한계성의 극복을 위해서 다른 사람과 관계를 맺어가며, 자신의 장점을 공유하여 다른 사람을 돕기 위해서 관계를 맺어야 한다는 것이다. 세 번째는 남녀라는 이성이 인류 속에서 함께 살아간다는 것이다. 이 관계 속에서 Adler는 사랑과 결혼을 언급하고 있다. Adler는 이상의 중요한 세 가지의 위한 것으로 인간의 직업(occupational, 일), 사회(social, 다른 사람과의 관계), 인류미래의 존속을 위한 남녀 간의 성생활(sexual)을 인생의 중요한 문제로 언급했다(5-7., Adler, 1931, 3-24).

Adler는 이 생활양식의 재 정향을 위해 재 교육과 새로운 동기부여를 주어야 한다고 설명했다. Adler의 상담목표는 내담자의 잘못된 생활양식에 결과로 주어진 부정적인 사회적 가치를 수정하여 긍정적인 사회적 관심을 발달시키는데 있다. 즉 내담자의 잘못된 생활양식에 변화를 주는 것은 상담의 있어서 핵심적인 것이다. 따라서 내담자의 생활양식을 이해하기 위해 상담자는 내담자의 감정, 동기, 신념, 목표 등에 대해서 역동적인 탐색18)을 해야 한다. 이 역동적인 탐색을 위해 내담자의 가족의 구조19)와 초기회상20)18), 그리고 꿈21)에 대해서 조사해야 한다는 것이 Adler의 입장이다. 그 결과는 사회적으로 쓸모 있고 인정받는 사람이 된다는 것이다(Nikelly, 103). 이는 프로이드가 인간 치료에 있어서 과거의 억압된 경험들을 치료하는 입장과는 정반대로 Adler는 현재와 미래지향적으로 생활양식을 새롭게 정립하는 입장에

---

18) 역동적 탐색: 상담자는 내담자의 생활양식과 목표를 이해하기 위해서 내담자의 감정, 동기, 신념과 가족 구성원들의 사이에 관계와 상황을 세밀히 분석하고 검토한다(Corry, 205-206).

19) 가족의 구조: 가족 상황을 평가하는 것으로 출생순위, 부모자식 관계, 형제들 사이에 관계와 가족 내에 내담자의 심리적 위치를 파악한다(206-207).

20) 초기회상(기억): 내담자의 사상들에 수반된 감정이나 사고를 파악하는 것으로 내담자가 기억 할 수 있는 최대에 어린 시절에 기억을 상기시키므로 그 당시에 감정과 인상과 반응을 통해서 내담자를 분석하여 치료하는 방법이다(207-208).

21) 꿈: 최근에 되풀이되는 꿈과 아동기에 자주 꾸었던 꿈에 대해서 관심을 가지고 분석한다. 프로이드는 꿈을 과거에 억압된 것으로 보는 반면에 아들러는 미래의 가능한 행위의 시연와 목적의 표현으로 보는 측면에서 내담자를 치료한다(208-209).

서의 치료 방법이다. 이와 같이 Adler는 인간 각 개인의 치료를 위해서 생활양식을 이해하고, 그것이 현재의 생활에 모든 영역에서 어떻게 영향을 미치는가를 분석하여 새로운 생활양식을 형성하는 것을 **재정향**이라는 단어로 요약했다.

필자는 Adler의 심리치료에 표현인 "reorienation"이란 단어를 **재창조**(recreation)로 번역하면서 시각조정을 통한 생활양식의 재창조라는 측면으로 기독교상담학적인 입장에서 적용을 하고자 한다. 시각조정을 통한 생활양식의 **재창조**란 내담자가 자기의 삶에 영역에 대해서 자기 패배적인 시각들과 왜곡된 시각들을 바꾸어 새로운 생활양식을 **재창조** 해 나아가는 것을 의미한다.

상담자는 내담자의 생활양식에서 가지고 있던 잘못된 사고와 신념, 그리고 비합리적인 생각들을 수정 해 주어야 한다. 이를 위해서 기독교 상담자는 내담자 안에 있는 역동적인 힘인 **창조적 자아**를 통해서 자신의 생활양식에 대해 버릴 것은 버리고 새로운 인식 속에서 자신의 삶을 설계 할 수 있도록 도와주어야 한다. Adler는 다음과 같은 표현으로 **창조적 자아의 역동성**을 설명했다. **"우리는 우리가 선택하는 곳은 어디에서나 시작할 수 있다. 인간의 모든 목표는 같은 방향으로 행동하게 한다**(Adler, 1956, 332). Adler가 언급 한 것처럼 인간은 자신 안에 있는 **창조적 자아의 역동적인 힘**을 통해서 언제 어디서나 자신의 처해 있는 상황에서 항상 새롭게 시작 할 수 있다.

참고문헌

"Alfred Adler(1970) Biography". Encyclopedia of World Biography. Archived from the   original on 7 January 2010. Retrieved 10 February 2010.

"Alfred Adler's Influence on the Three Leading Cofounders of Humanistic Psychology". Journal of Humanistic Psychology (September 1990).

Adler, A. (1932). Narcotic Abuse and Alcoholism, Chapter VII. p. 50-65. The Collected Clinical Works of Alfred Adler: Journal articles: 1931-1937.

Adler, Alfred(1956). What Life Could Mean to You. 1998, Hazelden Foundation. Center City, Minnesota: Hazelden. 58.

Adler, Alfred1972). What Life Could Mean to You. 1998, Hazelden Foundation. Center City, Minnesota: Hazelden. 58-59.

Alfred Adler(1956) The Individual Psychology of , 1956, edited by H. L. Ansbacher, R. R. Ansbacher, 132-133

Alfred Adler(1992) Understanding Human Nature (1992)

Eric Berne(1975) What Do You Say After You Say Hello. 71-81.

H. H. Mosak/M. Maniacci, A Primer of Adlerian Psychology (1999). 64-5

Hall, C. S. & G. Lindzey. (1978). Theories of Personality. N.Y.

Rogers, C. R. "A Theory of Therapy, Personality, and Interpersonal Relationships, as Developed in the Client-Centered Framework," in S. Koch (Ed.),"Psychology: A Study of a Science:" Vol. 3. *Formulations of the Person and the Social Context*, (New York: McGraw-Hill, 1959), 184-256.

George Herbert Mead, *The Philosophy of the Present*, New York: Prometheus Books, 2002, 74~77.

George Herbert Mead, Charles W. Morris, *Mind, Self & Society: from the Standpoint of a Social Behaviourist*, Chicago: University of Chicago Press, 1967, 34~50.

12. 실존주의 심리학과 융합상담심리

1) 실존주의 심리학

실존주의 심리학은 덴마크 철학자 Soren Kierkegaard (1813 ~55)가 "실존주의론의 아버지" "라고 불린다. Kiekegaard는 철학자 르네 데카르트(Rene Descartes)의 유명한 단어 인 "나는 생각한다. 그러므로 나는 존재한다."와는 달리 "나는 존재 한다고로 생각한다."고 말했다. 이 간단한 진술은 유럽의 철학자와 심리학자 집단 전체에 영향을 미치고 그들의 치료법을 바꾸었다.

Kiekegaard의 철학은 미국에서 쉽게 받아들여지지 않았다. 실존적 운동의 가장 큰 지지자 중 하나는 미국의 심리학자 인 롤로 메이(Rollo May, 1909-94)이다. 미국의 실존주의론적 사고를 유명한 심리학자이자 철학자 인 윌리엄 제임스(James)는 실존주의 사상에서 결정적인 요소 인 자유의지 원칙의 주창자이다. 1920년대와 1930년대 동안 실존주의는 주로 대학 강의실에서 조용히 소개되었다.

뉴욕의 유니온 신학대학원 (Union Theological Seminary)에서 폴 틸리히(Paul Tillich)를 통해 자신이 회중 교회 사역자들에게 소개되었다. 빅토르 프랭클(Viktor Frankl, 1905-97)과 같은 유명한 전문가들은 그들의 저작과 강의를 통해 실존주의를 세계에 소개하기 시작했다. 프랭클은 나치의 죽음 수용소 인 테레지엔슈타트(Theresienstadt)에서 억류를 견디어 냈고 개인적으로 그의 신념을 형성 한 사건을 썼다. Abraham Maslow와 Herman Feifel이 1959년 9월 5일에 존재 심리학과 정신 요법에 대한 미국심리학회(APA) 심포지엄에서 실존심리학과 그 용어에 대한 개념이 심리적 생각과 실천의 최전선에 도달하기 시작했다.

실존주의 심리학에 관련된 학자로는 자아실현을 제창한 매슬로(A. Maslow)와 존재 분석의 빈스방거(L. Binswanger)와 보스(M. Boss), 의미치료의 프랭클(V. Frankl), 사회학적인 입장을 취한 프롬(E. Fromm), 나아가 내담자중심 상담을 제창한 로저스(C. Rogers) 등 많은 사람이 포함된다. 실존주의 심리학은 정신분석, 행동주의로 흐르는 일면적인 인간관을 극복하는 것으로서 발전해 왔지만 현재는 확장되어 분석행동론에도 현상적·인지적 관점으로 다시 받아들여 침투해 가고 있다. 그러나 실존주의 심리학은 소위 대면집단(encounter group)을 통한 인간적 성장, 게슈탈트(Gestalt) 치료에서의 자유로운 체험과 같은 활동 등을 통한 실천이 사상적 기반으로 되어 있다.

실존주의 심리학과 인본주의 심리학을 같은 뜻으로 해석하는 경우도 있지만, 전자가 계기가 되어 심리학에서 제3세력이나 인본주의 심리학이 태어났다고 할 수 있다. 실존주의 심리학의 정신은 종래의 과학적 심리학에 대한 도전이다. 구체적으로는 다음 세 가지를 들 수 있다. 첫째, '어머니가 ~했기 때문에 자신은 비행을 일삼았다.'라는 것과 같은 인과론적 사고를 거부한다. 비행을 일삼는 결단을 한 것은 자신이며, 어머니가 그렇게 하도록 한 것은 아니라고 생각하는 것이다. 즉, 인과론(결정론)에 대한 도전이며, 주체성과 자기결단을 강조한다.

둘째, 자료를 수량적으로 분석해도 상대방의 본질은 밝혀지지 않는다. 상대방과 대화(엔 카운터)하여 몸으로 이해하는 것이 진실로 이해하는 것이다. 즉, 체험학습을 중시한다. 셋째, '적응하고 있는 인간이 좋다.'고는 할 수 없다. 약간은 부적응해도(사람들을 웃겨서 바보로 되는 것 같지만) 자신의 방식을 취하는 용기를 갖는 인간이 바람직한 것이라고 생각한다. 즉, 적응보다 자아실현을 중시한다. 이 같은 사고방식이 기존 상담의 여러 이론에 도입된 것을 총칭하여 인본주의 심리학(humanistic psychology)이라고 한다. 실존주의 심리학은 과학적 · 객관적인 전통적 심리학에 대한 경종을 울린 것이다. "existential psychology, 상담학 사전, 2016).

실존주의는 개인이 삶의 불안에 직면하고, 인간의 외로움의 조건을 받아들이며, 선택의 자유를 선택하고 자신의 선택에 대해 완전히 책임질 수 있음을 암시한다. 그들은 자신의 삶을 통제하고 그들이 원하는 방향으로 나아갈 수 있도록 목표를 세울 수 있다. 무의미 함의 감정을 멈출 필요가 없으며 대신 생의 새로운 의미를 선택하고 집중하는 것이다. 건물을 짓고 사랑하고 창조함으로써 삶은 자신의 모험으로 이어질 수 있다. 사람은 자신의 사망률을 받아들이고 죽음의 두려움을 극복 할 수 있다.

실존심리치료에 대한 사르트 리아의 (Sartre Lia)견해는 일반적으로 고객의 과거에는 관심이 없지만, 현재와 미래의 선택에 중점을 둔다. 상담자와 의뢰인은 고객이 과거에 인생의 질문에 어떻게 대답했는지를 생각할 수도 있지만, 주의는 궁극적으로 현재의 새로운 인식을 제고하고 행동의 새로운 자유와 책임을 가능 하게하는 방향으로 바뀐다. 내담자/환자는 그들이 특별하지 않고 그들의 존재가 단순히 우연이며 운명이나 운명이 아니라는 것을 받아들일 수 있다. 이를 받아들이면서 그들은 근심을 극복하고 근본적으로 자유로운 순간으로 삶을 바라 볼 수 있다.

실존심리요법은 종종 병적인, 비주의적이고 비관적인, 비실용적인, 대뇌적이고 밀교적인 치료 방향으로 오인된다. 실제로 이것은 매우 실용적이고 구체적이고 긍정적이며 유연한 접근 방식이다. 실존심리요법은 죽음, 근원, 운명, 자유, 책임, 외로움 ,

상실, 고통, 무의미, 악마, 그리고 daimonic과 같은 "궁극적인 관심사"(Tillich)와 때로는 비극적인 "실존적 삶의 사실"을 수용한다. 반대로, 관계의 의미 있는 삶을 향상시키는 경험을 추진, 사랑 창의력, 용기, 창의력, 권력, 의지, 존재감, 영성, 개성화, 자기실현, 진위성, 수용성, 초월성 및 경외감을 주장한다.

롤로 메이(Rollo May, 1986)는 사람을 특정 진단 장애, 신경학적 결손, 생화학 적 불균형, 인지 체계, 행동 패턴 집합, 유전적 소인, 복합체 수집으로 인식 할 때마다 "결정론적 세력으로, 당신은 이 경험이 일어나는 것을 제외하고 모든 것을 연구하기 위해 정의했다. 실존심리요법은 그 사람과 자신의 실존적 선택을 치료과정의 중심에 되돌릴 수 있는 힘을 부여하고 있다. 이 주제에 대해 사르트르를 인용하자면 : "우리는 우리의 선택이다."

실존심리치료를 연습하는 치료사는 과거에 초점을 두지 않습니다. 대신, 그들은 치료법을 사용하는 사람과 협력하여 그들 앞에 놓인 선택을 발견하고 탐색하게 된다. 회귀분석을 통해 치료사와 치료사의 사람은 함께 과거의 선택이 의미하는 바를 이해하고자 협력한다. 치료사와 내담자는 그것들을 이끌어내는 신념을 이해하며 오직 자신에 대한 예리한 통찰력을 창출하려는 목표로 전환하는 수단으로 만 사용한다. 실존적 치료에서 강조점은 과거에 관한 것이 아니라 자유와 새롭게 단장(reorientation)을 증진시키는 도구로서 과거를 사용하는 것이다. 그들이 특정 목적을 위해 독특하거나 운명이 아니라는 것을 깨달음으로써 치료를 받는 사람은 순간적으로 충만하게 존재하지 못하게 할 수 있는 의무 사슬을 풀 수 있다.

실존심리요법은 인간의 상태를 전체적으로 강조하는 요법이다. 실존심리요법은 인간의 능력과 열망에 박수를 보내고 동시에 인간의 한계를 인정하는 긍정적인 접근법을 사용한다. 실존심리요법은 인본주의 심리학, 체험적 심리요법, 심층심리요법 및 관계심리치료와 많은 유사점을 공유한다. 실존심리치료에 대한 일반적인 오해는 다음과 같은 믿음을 포함한다.

내부 긴장이 없는 하나의 독특하고 통일된 실존이론은 실존적 심리학의 모든 기본 가정을 다룬다. 실제로 이 접근 방식에는 최소한 다섯 가지 범주가 있으며 대부분의 학자들은 접근 방식의 기본 가정을 일관성 있게 조사하고 더 큰 적응성을 허용하기 때문에 접근 방식의 강점이라고 생각한다.

실존심리학과 실존철학 사이에는 차이가 없다. 실존철학과 실존심리학 사이에는 합의점이 있지만 차이점 또한 두 분야의 선도적인 개척자와 학자들의 시각의 다양성은 각 접근법의 발전에 기여한다.

실존심리학은 예를 들어 하나님의 존재를 부인하는 것과 같은 반정체성이나 반영적 접근을 취한다. 실존심리학은 본질적으로 종교적이지 않고 의심 없이 한 사람이나 종교를 따르지 못하도록 막았지만, 반유대적이 아니며 많은 학자와 개척자들이 기독교 신학자들이었다.

존재론적 이론과 인본주의 이론은 같은 것이다. 두 이론 사이에 동의가 있지만, 그것들은 동일하지 않다. 그러나 이 두 사상 학문 사이의 불일치는 강조의 정도가 높고 덜 발산하는 경향이 있다.

실존심리요법은 부정적, 어둡거나 비관적인 삶의 관점을 취한다. 실존심리학에 관한 글들은 인간 존재의 일부로서 고통이 받아들여질 수 있다는 관점 때문에 비관적으로 읽힐 수 있기 때문이다. 이것은 고통의 격려는 아니지만, 그것이 인간이라는 피할 수 없는 부분이라는 인식만이 있다. 실존심리치료는 사람들로 하여금 고통의 현실을 받아 들여 그것을 통해 배우고 배우도록 격려 하는 것이다.

실존심리치료 접근법은 근본적으로 지적이며, 따라서 만성적 인 행동 또는 정신건강 상태를 겪고 있지 않은 지성이 있는 사람들에게만 유익하다. 모든 지능수준의 사람들은 자신의 인류에 대한 인식을 가질 수 있으며 자신의 감정과 불안감을 의미 있 게 수용할 수 있다고 믿는다. 실존치료의 근본 원인으로 철학자 나 학자가 될 필요는 없으며, 정신 건강 문제에 적극적으로 동참하는 많은 사람들도 이 접근 방식으로 도움을 받을 수 있다.

실존심리치료는 인지 된 행동 및 정신건강 문제의 기본 요소를 목표로 하기 때문에 실존 접근법은 치료중인 사람이 겪고 있는 주요 문제를 직접적으로 다룰 수는 없다. 이 때문에, 적응력이 뛰어난 실존치료가 다른 치료법과 함께 종종 사용된다. 접근 방법을 결합하면 둘 다의 효과를 극대화하고 더 큰 회복을 촉진하는 데 도움이 될 수 있다는 장점이 있다. 또한 실존심리 치료에 사용되는 심층적인 관용적 접근법은 정신과적 과정을 탐구하기를 원치 않는 사람들이나 정신건강 문제에 대한 신속한 해결책을 찾는데 전적으로 관심이 있는 사람들에게 호소력을 줄 수는 없다.

2) 융합상담심리 논의

융합상담심리는 실존주의 심리학에서 강조하는 인간의 부정적인 불안에 대한 접근을 통한 치유에 동의한다. 그리고 자유와 책임 의미 있는 자세에 동의한다. 이에 더하여 융합상담심리는 인간의 부정적인 정서와 긍정적인 정서의 상호작용 가운데 창조적 자아의 역할을 기대하는 것이 융합상담심리가 추구하는 목표 중 하나이다. 융합상담심리는 실존주의 심리학을 기반 한 것으로 인간의 행동은 의미적이라는 것을 강조하는 "Logotherapy" 접근에 동의 한다.

융합상담심리학

Convergence Counseling Psychology

초판 인쇄 2019년 2월 22일
1 쇄 발행 2019년 2월 22일

저   자 김 상 인
펴낸 곳 만남과 치유 (Meeting & Healing)

주   소 서울시 송파구 위례성대로 12길 34, 201호
        (방이동163-9)
        E-Mail : counseling@anver.com
        Telephone : 070-7132-1080

정   가 12,000 원
잘못 만들어진 책은 본사 및 구입처에서 교환해 드립니다..
ISBN : 978-89-967463-9-3 93180